嬗变

TRANSFORMATION

电信业发展与转型

杨子真 贾敬宇 王秋实
孙路遥 王通杰 石立峰 等 / 编著

人民邮电出版社
北京

图书在版编目（C I P）数据

嬗变 : 电信业发展与转型 / 杨子真等编著. -- 北京 : 人民邮电出版社, 2017.6
ISBN 978-7-115-45282-5

Ⅰ. ①嬗… Ⅱ. ①杨… Ⅲ. ①电信企业－企业发展－研究－中国②电信企业－转型经济－研究－中国 Ⅳ. ①F632.1

中国版本图书馆CIP数据核字(2017)第066057号

内容提要

本书首先从电信业的发展历程入手，介绍了电信业从传统时期发展到如今的万物互联时代；接着阐述了电信业转型的规律和特征，分析了当前移动流量替代移动话音的原因；并对电信业转型的趋势和热点做了预测，结合国外电信业的转型实例，对国内电信业的转型进行探索。

◆ 编　　著　杨子真　贾敬宇　王秋实　孙路遥
　　　　　　王通杰　石立峰 等
　责任编辑　李　静
　责任印制　彭志环
◆ 人民邮电出版社出版发行　北京市丰台区成寿寺路 11 号
　邮编 100164　电子邮件 315@ptpress.com.cn
　网址 http://www.ptpress.com.cn
　固安县铭成印刷有限公司印刷
◆ 开本：700×1000　1/16
　印张：14　　2017 年 6 月第 1 版
　字数：181 千字　　2017 年 6 月河北第 1 次印刷

定价：59.00 元

读者服务热线：(010)81055488　印装质量热线：(010)81055316
反盗版热线：(010)81055315

编委会

主　　编：杨子真　贾敬宇

副 主 编：王秋实　孙路遥　王通杰　石立峰

编写人员：冯　橙　许　梅　杨　丹　李梦莹　许恒昌　何　阳　马　聪

序一

当今世界科技创新正在推动社会向前快速发展。移动互联网、物联网、智能终端、大数据 / 云计算、人工智能和 AR/VR 等新一代信息通信技术百花齐放，产业发展欣欣向荣。随之而来的人民生产生活中的新应用新业务层出不穷，“互联网 +”推动传统产业升级换代，信息通信业加速助力传统产业的发展，ICT 已成为世界经济增长的重要引擎。

中国改革开放以来电信业高速发展，对我国经济快速增长形成了强有力的带动，在我国改革开放的历程中发挥了重要作用。伴随着互联网的快速发展、数字化浪潮的到来，电信业也走向了升级换代，从话音的传送到流量的传递，从话音服务提供商发展成为重要的信息基础设施建设者和运营者。新的信息基础网络承载了上层信息社会发展的众多平台、应用和业务，从改善百姓生活扩展到推动传统产业发展，成为国民经济发展和信息化进程的重要基础。基础电信企业的责任和作用更加重大。

ICT 大发展带动电信业与 IT 行业的融合发展，新的需求、新的技术、新的产业格局必然带来新的增长规律、新的商业模式、新的生态环境。面临这些机遇与挑战，电信业迫切需要转型变革，经营好新的流量业务，做好平台使能，服务好上层应用，提高运营效率，实现企业健康可持续发展的同时，做好推动传统产业发展的主力军。

电信业转型的话题已经延续多年。面对互联网、OTT的挑战，业内出现过不少迷茫与困惑，各种言论和观点也层出不穷，全球运营商虽已开展诸多探索，但至今仍缺少最佳实践，对转型方向和重点也缺乏系统、清晰的认识，收入增长乏力已成为全球电信业发展要共同面对的问题，在垂直应用行业中也有很多问题要探索完善。

书中作者对电信业转型初期的发展规律以及电信业转型增长方向的梳理、提炼和研究，体现出多年行业研究的积累和专家独到的见解与看法，较为系统和完整的阐述了电信业的数字化转型问题，值得一读。书中对全球运营商转型案例的整理，也可以作为大家工作和学习时的重要参考。

在产业界的共同努力之下，新一代信息通信技术和产业正在加速发展和成熟，为电信业发展带来新的驱动力和强有力的手段，助力电信业数字化转型和重新腾飞。相信在ICT产业和技术的不断发展和推动下，电信业也将借力数字经济开启一轮新的发展，为社会提供更多的业务、更快的速率、更好的体验，实现电信业的成功转型。

工业和信息化部信息通信发展司司长 闻库

2017年5月3日

序二

数字化浪潮下的电信困境

从固定电话、PC 终端到手机，从语音、短彩信、宽带上网到移动互联，每一次电信技术的进步都在改变着人们的沟通方式、生活方式乃至生产方式。这种变革也推动电信业迎来一波又一波的发展高峰。当前，数字经济浪潮正席卷全球，经济社会各领域均面临数字化、网络化、智能化转型的重大需求，这将使电信业的触角延伸到从机器生产到日常生活的各个环节，连接无处不在、服务无处不在，无疑，这将创造出空前巨大的市场空间。然而，与历史性发展机遇呈鲜明对比的是，全球电信业开展了十多年的战略转型探索，却面临越来越严峻的发展困境。一方面，虽有强劲的网络建设需求驱动，但各国电信业均无法实现可持续的快速增长，驱动电信业增长的传统引擎开始哑火，用户规模趋近饱和，话音和短信等收入加速下滑；高速增长的数据流量呈现越来越大的量收剪刀差，电信运营商在移动互联网等新兴业务市场既缺乏足够竞争力，也面临越来越大的市场挑战；企业数字化转型的市场增长潜力虽大，但尚未形成实质的规模贡献。简言之，电信企业依赖增长的仍然是管道，但管道可持续营收能力却不断下降。另一方面，互联网的指数式发展带动数据流量的爆发式增长，要求通信网络持续扩容升级以提供相适应的带宽和连接供给能力，这既要求电信业持续的高强度投资，同时互联网和信息化业务的创新也对运营商提供灵活服务能力的网络架构和运营管理模式提出了巨大的挑战。可以肯定的是，全球数字化浪潮一定会带来前所未有的市场机遇，但以电信业现有的网络体系和运营体系却未必能完全抓住这一机遇，在一个打破了围墙的市场中，电信业面临前所未有的挑战。

电信业的数字化转型

全球范围的数字化、网络化、智能化转型浪潮，将带来各个产业和各个企业的深刻变革，从生产流程到商业模式、从企业管理到产业组织，都将通过物理和数字系统的一体融合、跨产业链跨价值链跨产品全生命周期的集成协同和数据智能的广泛深度应用而实现重塑和变革，这也意味着无论是通信网络还是IT技术，都需要与各领域各部门的生产流程深度融合，以实现用户可定制的敏捷、柔性、智能化、高可靠和低成本服务。电信业作为全社会数字化发展最重要和规模最大的解决方案提供商，其本身也必须与其服务的各个领域一样进行深刻的数字化转型，真正以客户为中心，重塑网络体系、业务流程、组织架构和运营模式，形成面向全社会各个领域和用户可动态定制化服务的智能敏捷、快速响应和开放创新的数字化平台和组织运营体系，才有可能凤凰涅槃、赢得未来。21世纪初以来的全球电信业转型探索之所以效果不彰，其根本原因是转型仍然为既有路径上的修补和改良，生产、运营和组织管理仍然是按照上个世纪的商业模式和技术要素来实施的，因而无法解决其与市场需求不匹配的结构性矛盾，难以克服自身重资产重流程带来的各种不便，也无法根本缓解所面临的发展困境。机遇前所未有，挑战也前所未有，对电信业而言，数字化智能化转型绝不仅是一个简单寻找业务增长点的问题，而是数字化时代企业生死存亡和基业长青的重大问题。

本书写在全球电信业数字化转型的开局之际，通过对电信业的发展历程、转型的规律和特征、趋势和热点进行了全面的梳理和审视。相信在理论和实践层面都具有十分重要的参考价值。

中国信息通信研究院总工程师　余晓辉

2017 年 5 月 1 日

致谢

电信业的发展与转型一直以来都是业界关注的重点，这要求著者具有相当的专业功底和洞察能力，编委会深感“学然后知不足”的压力，书稿几经反复、终告成文。在此谨代表编委会向给予指导、参与研究和提供意见帮助的各位专家、友人表达真挚的谢意，应该说没有大家的帮助，本书不可能付梓，现一并致谢。

首先，感谢中国信息通信研究院原院长曹淑敏、总工程师余晓辉。曹院长长期从事移动通信领域研究并担任国家重点项目，曾获国家科学技术进步奖特等奖，专业领域造诣在国内外电信界众所周知。余晓辉总工长期从事国家信息通信业、信息网络技术和信息化的战略、规划与政策研究，参与了国家信息化发展战略、电信强国战略等重大课题与政策研究。曹院长一直对电信业转型给予重点关注，为相关研究指明了方向，可以说是本书立意的“指路人”。余总也在百忙之中拨冗垂阅，在电信业转型的方向和重点领域等方面给我们提供了很多好的建议。两位领导严谨务实的学术精神、颇具洞察力的专业能力，给著者极大的激励和帮助。

其次，感谢中国信通院的多位专家——科技委蒋林涛主任、陈金桥副总工、王育民副总工。本书源于院电信业转型白皮书的课题研究，上述专家在课题立项、研究和评审过程中，为课题思路框架及内容观点提供了不少颇具专业深度和行业高度的意见和建议。

再次，需要感谢中国信通院产业与规划研究所副总工郭顺义，郭老师长期从事电信行业研究和管理咨询工作，贯通管理与通信，擅长战略思维，明晰运营细节。在本书撰写过程中，郭总在电信业的转型方向和重点领域实践等方面，提出了很多关键性的观点和建议。

最后，感谢本书得以付梓的幕后英雄——人民邮电出版社图书出版中心的王建军主任及其同事，在封面设计、文字校对、文稿润色、出版安排等方面的工作给我们极大的帮助与启发。谢谢您们！

编委会

目 录

转型趋势篇

转型趋势篇

第一章 电信业的发展历程

1.1 电信业的发展阶段

自电报和电话开启近代通信历史以来，电信业发展已走过近 200 年的历程。1934 年，“国际电报联盟”正式更名为“国际电信联盟”，此后，伴随着通信技术和终端日新月异的发展，电信行业逐渐加快融入日常生活的步伐，加速推动社会发展，成为当代最具潜力的行业之一。

近现代电信业发展始于电磁通信，追溯到 1837 年莫尔斯电码和 1876 年贝尔电话的发明。受制于当时通信技术发展限制，这一时期通信业没有呈现体系化、专业化的特点，技术突破较为零散，尚未形成相互之间的紧密联系。

数字通信的出现拉开了当代电信业发展的序幕。1946 年，世界上第一台电子计算机 ENIAC 诞生，二进制的广泛应用引导数字通信快速发展，为当代电信业技术和业务的演进奠定了基础。相较于近现代电信业，当代电信业最显著的特点是把通信融入日常生活，在体系化、专业化的基础上，实现通信技术的快速迭代，将电信业渗透到社会生产和生活的各个方面。纵观当代电信业的发展历程，主要可分为传统通信时代、互联网（移动互联网）时代和万物互联时代三大阶段。

技术引领和需求拉动作为两大主线，始终贯穿于当代电信业发展的三大阶段。从技术引领主线来看，移动通信和有线通信是技术发展的两大牵引。在移动通信技术方面，经历了第一代以语音为主的模拟移动通信技术、第二代以语音和短信为主的数字移动通信技术、第三代以数据互联网业务和多媒体业务为主的移动通信技术，目前，集 3G 与 WLAN 于一体并能够传输高质量视频图像的第四代高速数据网已商用，低时延、低功耗、高可靠的第五代移动通信技术进入研究和试验阶段，通信技术向着超高速和智能化的方向演进。在有线通信技术方面，经历了通过调制解调器拨号的铜线接入技术，发展至光纤到服务区、“最后一公里”采用同轴电缆的混合光纤同轴网技术，目前正在推进光通信网的全面改造和升级。

从需求拉动主线来看，随着业务形态的逐渐丰富，通信需求快速升级，当代电信业发展先后经历了语音 + 短彩信拉动的移动语音时代，增值业务、流量和内容及应用拉动的增值数据时代，正在快速踏入由物联网等数字服务主导的万物互联时代。

两大主线牵引下的电信业发展阶段，本身体现了行业转型的实质。而作为主要参与主体——电信运营商在各阶段如何应对转型、适应并推动电信业技术和业务发展，一直是电信业转型研究的重要课题。

1.2 传统通信时期的电信业

从技术属性来看，传统通信时代的电信业经历了固定宽带和移动通信网络从无到有的过程。1969 年，美国国防部建立 ARPAnet 网络，标志着现代计算机网络的诞生。随着计算机的不断普及，AT&T 推出 BellI 03 调制解调器将计算机数据转换成电话网络所能识别的语言，固定宽带应运而生，逐渐成为大众网络连接不可或缺的技术基础。移动通信技术起步较晚，1986 年第一代移动通信技术（1G）诞生，采用模拟信号传输语音。为克服 1G 语音品质差、信号不稳定、覆盖不全面等问题，第二代移动通信技术（2G）在 20 世纪 90 年代走向成熟。2G 采用数字技术，以 GSM 为主要标准，具备保密性强、频谱利用率高等特点。

在通信技术发展驱动下，电信业务需求呈现爆发式增长，步入由语音和短信主导的移动语音时代。20 世纪 90 年代初，移动网络处于起步阶段，固定电话通信仍是数据传输的主要方式，固定语音是电信业收入的主要来源。随着 1G、2G 移动通信的发展更迭，架构于移动电话网络之上的移动语音逐渐取代固定语音，成为拉动电信业收入增长的主要业务。与此同时，2G 时期短彩信业务进入黄金时代，便捷性和低资费使短彩信成为手机用户的主要沟通方式之一。以中国为例，2002 ～ 2006 年，移动短信业务量均保持 50% 左右的高速增长，带动电信业务收入的高速增长。

在传统通信时代，移动通信刚刚起步，电信业产业形态相对简单，电信运营商作为绝对核心，牢牢掌控整个产业链。电信运营商的主导地位源于网络资源的垄断地位以及网业合一的业务模式。无论是固定通信业务还是移动通信业务，都处于从无到有的初始阶段，电信运营商承担着网络技术发展和建设的重要职责。固定语音、固定宽带、移动语音和移动短信等主要业务需求均承载于基础网络之上，体现出高度的网业合一，对于电信运营商而言，把握住网络资源便自然带来用户资源和业务收入。

值得注意的是，虽然新的通信技术得到快速发展和应用，但 2G 尚不足以支撑更多业务形态的创新和发展，因此，在以电信运营商为产业核心的传统通信时代，尚缺少其他相关产业链环节的加入。此外，虽然 2G 已具备手机上网功能，但受低速率限制，仍不能全面支撑移动互联网服务的发展。

1.3 互联网（移动互联网）时代的电信业

在信息科技的强有力支持下，互联网将人类的文化传播带进了一个崭新的时代。随着单向传播、双向互动到全方位互动的逐步推进，互联网悄无声息地改变了信息和人的二元关系，让人成为信息的一部分，由此引发整个社会发展模式的变迁。互联网时代的电信业也迎来了前所未有的飞速发展，通信技术代际更迭加快，业务形态丰富化、多元化成为最主要的特征。

1.3.1 3G 时代的电信业呈现网业分离雏形

遵循技术发展主线，第三代移动通信技术（3G）开始于 20 世纪 90 年代末，使用较高的频带和 CDMA 技术传输数据来支持多媒体业务，与 1G 和 2G 相比体现出高速率、高频谱利用率、高服务质量、低成本和高保密性等特点，可以提供高速数据、慢速图像、电视图像等业务。

在 3G 技术的支撑下，一方面，增值电信业务范围逐渐拓展，面向个人的彩铃、彩信、手机游戏、手机报等，以及面向企业的 IT 服务形成一定规模。增值电信业务发展催生移动互联网服务提供商（SP）出现，但电信运营商仍是产业核心，多采取“围墙花园”的商业模式，在特定范围内允许用户访问特定的内容、应用或服务，拥有产业链的绝对掌控权。SP 仍需依附于电信运营商提供增值服务。

另一方面，伴随着 3G 网络的加快覆盖和智能手机的快速普及，第三方内容 / 应用服务崭露头角，互联网社交及应用服务大量分流语音和短信业务量，数据业务对传统业务的替代作用逐渐显露。作为内容 / 应用服务的主要提供者，互联网公司和IT服务商等都加入到电信业大众市场，参与主体日趋多元化。面对网业分离的发展趋势，以及产业链新加入主体强有力的创新和研发挑战，电信运营商难以针对内容/应用服务继续巩固“围墙花园”的商业模式，传统业务下滑势不可挡，新增长动力不足，电信运营商产业链的主导地位面临严峻挑战。

1.3.2 4G时代的电信业走向信息化服务拓展

第四代移动通信技术（4G）是集3G与WLAN于一体并能够传输高质量视频图像的技术。4G能够在任何地方用宽带接入互联网，提供定时定位、数据采集、远程控制等综合功能，目前国际主要的4G标准技术为LTE。相较于3G，4G具备网络频谱更亮、通信速度更快、通信终端更灵活、智能化水平更高和覆盖性能更好等显著优势。

4G网络发展带动流量业务的爆发式增长，加之互联网社交及内容服务的加速扩张，流量已经替代语音成为电信业收入增长的核心动力。在满足高速无线上网需求的基础上，4G技术的发展也引导内容/应用服务逐渐跳出个人市场，扩展至电子商务、智慧家庭等行业信息化服务领域。

4G时代的到来对电信运营商既是机遇又是挑战：一方面，电信运营商牢牢把握流量经营的黄金期，将业务重点从语音和短彩信转向数据业务，形成新的收入增长动力；另一方面，流量经营的收入拉动作用难以长期维持，面对互联网公司和IT服务商等产业链相关主体在内容/应用业务领域的持续发力，仅仅拥抱流量这一优势业务会导致电信运营商逐渐被管道化。在对产业链控制力减弱的背景下，电信运营商正在寻求新的定位，尝试与互联网企业等开启生态合作的新局面。

1.4 万物互联时代的电信业

随着第五代移动通信技术（5G）悄然走近，万物互联时代即将到来。万物互联是指将人、流程、数据和事物结合在一起，使网络连接变得更加相关、更有价值。万物互联不仅继续推动了移动互联网的发展，同时还带动了垂直行业的工业互联网发展，使得通信技术和网络进入更多行业和领域。

在技术引领方面，以“实现无处不在的网络，技术特点在于融合和创新”为愿景的第五代移动通信技术加快试验建设。ITU、3GPP 等国际标准化组织已明确了 5G 工作时间表，国际电联将于 2017 年开始 5G 国际标准征集，各国也纷纷公布 5G 时间表。我国计划于 2017 年开始大规模场外测验，2020 年正式商用 5G。同时，新型基础设施也从建设走向应用，SDN/NFV 成为网络演进方向，物联网、大数据、云计算、人工智能等热点技术快速发展。

在泛在智能终端、新型基础设施和超高速网络的引领推动下，万物互联时代的电信业发展将呈现以流量价值经营和数字服务为主要拉动的业务形态。在人与物、物与物的连接爆发式增长的带动下，连接规模拓展全面拉动流量需求，数据业务仍将是拉动电信业增长的主要业务之一。同时，在物联网应用领域不断拓展的引领下，企业客户的通信和信息化需求将成为电信业发展的新动力，业务需求将逐渐转向各类数字生活和数字生产服务。

随着电信业向各行业的不断渗透，行业边界和范围逐渐延伸，包括互联网公司、IT 服务商、传统企业等在内的更多主体迅速扩大产业链影响力。在数字生产服务快速发展的基础上，第一和第二产业传统企业背靠行业优势加快互联网化步伐，互联网公司依靠创新能力优势继续推进数字服务。日趋激烈的产业竞争环境要求电信运营商加快明确转型路径。国际主流电信运营商正在寻求向数字能力/服务平台和生态使能者的转变，旨在以平台服务、能力输出、多元数字服务带来新收入，而现阶段也正是电信运营商数字化转型的关键时期。

1.5 全球电信业转型的整体进程和区域差异

电信业在经历了固定宽带对固定语音的替代之后，移动领域也开启了移动互联网对移动语音的替代。伴随着这种替代，电信业整体开启了向互联网和流量价值经营的转型，为迎接万物互联时代的到来做好能力储备。

1.5.1 移动领域推动全球电信业转型进程

从整体业务来看，移动通信接替固定通信继续成为全球电信业增长的驱动引擎。近几年来，全球固定语音业务收入不断下降，同期固定宽带业务收入小幅上涨，但无法弥补固定语音业务收入的下降，总体的固定业务收入增长率仍然为负值，近年的增速范围保持在 -3.9% ～ -1.7%。而同期，移动业务收入以每年 1 ～ 2 个百分点的速率上涨，移动业务收入占比从 61% 上升至 64.5%，移动业务收入已代替固定业务收入成为全球电信业收入的主要来源。全球电信业收入分布结构如图 1-1 所示。

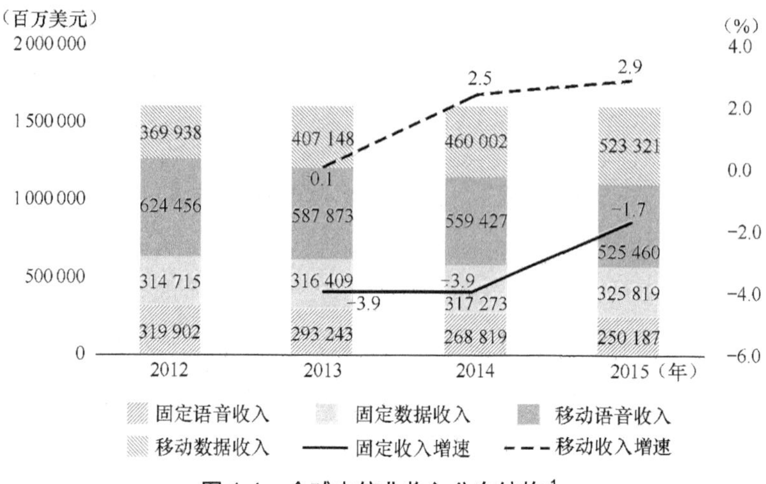

图 1-1　全球电信业收入分布结构 [1]

从移动业务来看，移动通信核心业务也在经历语音向流量的转型。近年移动语音收入在电信业务总收入中的占比正在以每年 2% 左右的速率下降，从 2012 年的 38.3% 降至 2014 年的 34.8%；而移动流量收入占比则以每年 3 ～ 4 个百分点左右的速率上涨，从 2012 年的 22.7% 上涨到 2014 年的 28.7%。2015 年，移动数据流量业务收入继续上涨，在总收入中的占比达到 32.2%，与移动语音在总收入中 32.3% 的占比几乎持平。在移动通信领域，全球正在经历移动语音向移动流量的转型。全球电信业收入占比变化趋势如图 1-2 所示。

1.5.2　区域电信业转型进度存在明显差异

美国电信市场跨过了语音向流量转换的过渡期，移动业务收入近年稳步回升。2015 年，美国的移动电话渗透率达 98%，流量业务收入占比达 58.7%，已度过了语音向流量转型的过渡期。从 2010 年起，美国市场的流量

注 1：数据来源为 Gartner。

业务收入占比超过 30%，转型期流量收入年均增长率达 66%，同时，美国市场的移动业务收入开始稳步回升，收入增速从 2.7% 的最低点逐步回升至 3.5% ～ 7%。

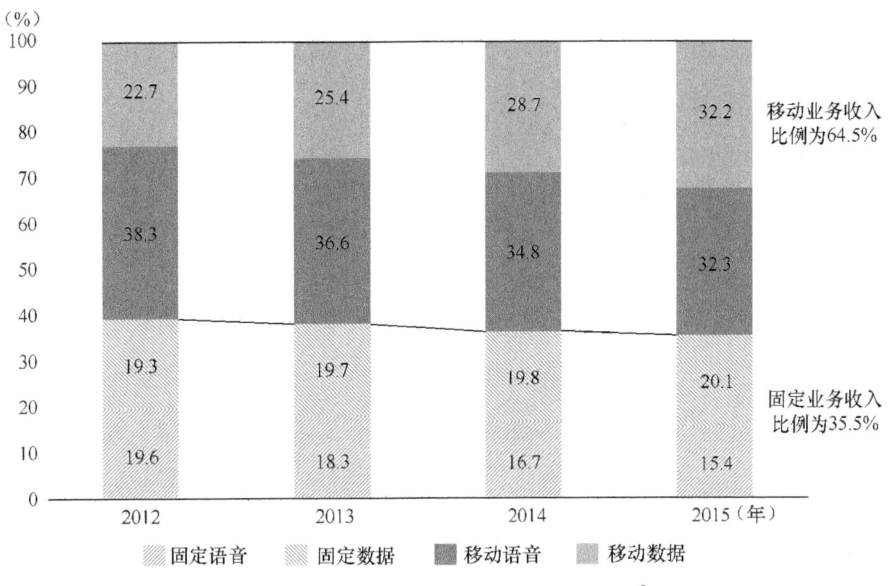

图 1-2　全球电信业收入占比变化趋势 [2]

日本电信市场数据流量业务收入已占业务收入的主体地位，移动业务收入增长情况良好。目前，日本移动电话普及率已达 120%，属于成熟市场。日本移动流量规模年均复合增长率达 70%，移动业务收入增速近年来稳步提升，从 2010 年的 0% ～ 3% 提升至近年的 0% ～ 5%。截至 2015 年年底，日本电信运营商 NTT DoCoMo 的非话业务收入占比已达 73.9%，远远高于世界平均水平。

欧洲电信市场处于语音经营向流量经营的转换期，移动业务收入呈现负增长。欧洲的移动电话普及率普遍达到 100% 以上，英国的普及率为 124%，

注 2：数据来源为 Gartner。

法国为 100%，德国为 120%。但欧洲各国近年来流量收入年均复合增长率较低，维持在 16% ～ 25%，各国移动业务收入也普遍呈现负增长，其中法国连续 4 年负增长，英国自 2009 年以来有 4 年的增速为负值，德国自 2006 年以来有 7 年的增速为负值，直到 2015 年才有回升趋势。2015 年，英国的流量业务收入占业务收入 38%(统计 EE 和 O2)，德国为 41%(统计德电和 O2)。

近年来，中国市场电信业务收入增速下滑，正在经历语音经营向流量经营的转型。2015 年年底，中国移动电话普及率已达 95.5%，电信业累计收入为 11 251.4 亿元，比 2014 年同期增长 0.8%。移动流量达 3.9EB，比 2014 年同期增长 103%，中国正处在流量的快速增长期，近年来流量业务收入年均复合增长率达 51%。截至 2015 年年底，中国电信业流量收入占比已达 32%，与先进国家相比还存在着巨大的差距，流量经营的发展潜力较大。

第二章 电信业转型的规律和特征

2.1 电信业收入增长的阶段性特征

2.1.1 电信业的发展由于技术变迁而呈现出明显的阶段性特征

由于技术的跃迁式演进，电信业的发展呈现出显著的阶段性特征，特别是在进入移动通信时代以后，电信业的发展整体提速，阶段性演进的节奏也随之加快。

自 1973 年第一代手机诞生直到 1997 年的 24 年里，模拟制式手机仅能提供语音通话服务，电信业收入中移动通信部分全部来自于语音业务。昂贵的终端价格和通信费使得手机的受众仅局限在企业和少数精英群体中，移动通信业务收入无论是规模还是增速都远无法与固定通信相提并论。1997 年，随着 GSM、TDMA、窄带 CDMA 等技术的普及，移动通信进入 2G 时代，数字制式手机增加了接收数据的功能，短信业务出现。得益于移动通信网络基础设施的建设和终端生产商的充分竞争，终端价格和通信资费大幅下调，2G 时代的手机开始成为大众消费品。而 GPRS、EDGE、HSCSD 等技术的普及将传输速率大幅提升，解决了网页浏览、数据传输不稳定等问题，从而将移动通信带入 2.5G 时代，在此阶段，移动通信业务收入规模迅速扩张，增速持续提升，特别是数据流量迎来了快速发展，电信业业务收入第一次出现结构性的改变。随着 cdma2000、WCDMA、TD-SCDMA 等标准的推行，移动通信迎来了大发展的 3G 时代，加之 IPhone 这一跨时代产品的出现，智能终端 +3G 带动流量业务大发展，驱动电信业业务收入出现第二次结构性改变。LTE-TDD 和 LTE-FDD 标准将电信业带入 4G 时代，通信技术的突破、互联网模式的创新使得以流量形式实现语音通话需求成为可能，数据业务在业务量和业务收入占比方面开始全面替代语音业务成为电信业最主要的支柱，电信业出现第三次业务收入结构改变。电信业技术演进如图 2-1 所示。

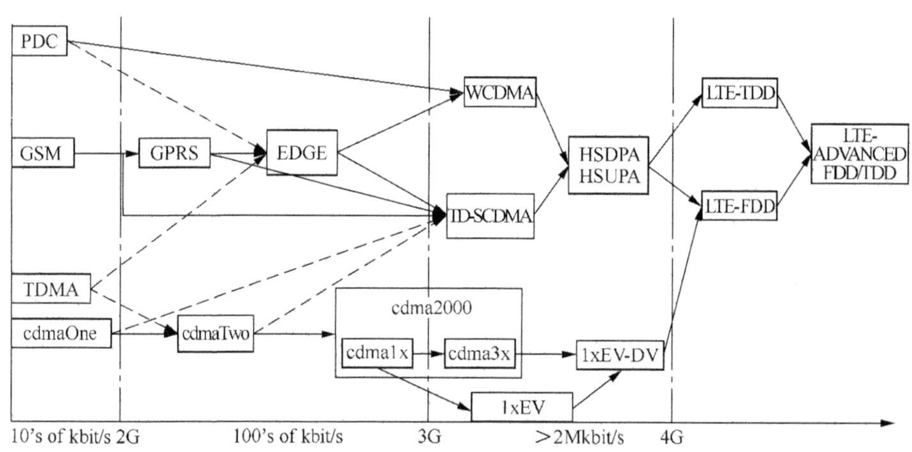

图 2-1　电信业技术演进

从电信业收入增长率和电信业收入来看，2G 商用、3G 商用这两个技术演进的关键时点都出现了趋势性转折：在 2G 之前，全球电信业业务收入处于较低水平、业务收入增长率波动剧烈且国际间差异巨大，电信业业务收入占 GDP 比例较为稳定；在 2G 到 3G 之间，电信业业务收入开始快速增长，业务收入增长率的波动区间变小且国际间差异开始收敛，电信业业务收入占 GDP 比例快速攀升；在 3G 之后，电信业业务收入整体体量仍快速攀升，但业务收入增长率继续走低且国际间差距进一步收敛，电信业业务收入占 GDP 比例开始下降并确立下降趋势。美国、中国、日本和英国的电信业业务收入增长率如图 2-2 所示，电信业业务收入如图 2-3 所示，电信业业务收入占 GDP 比例如图 2-4 所示。

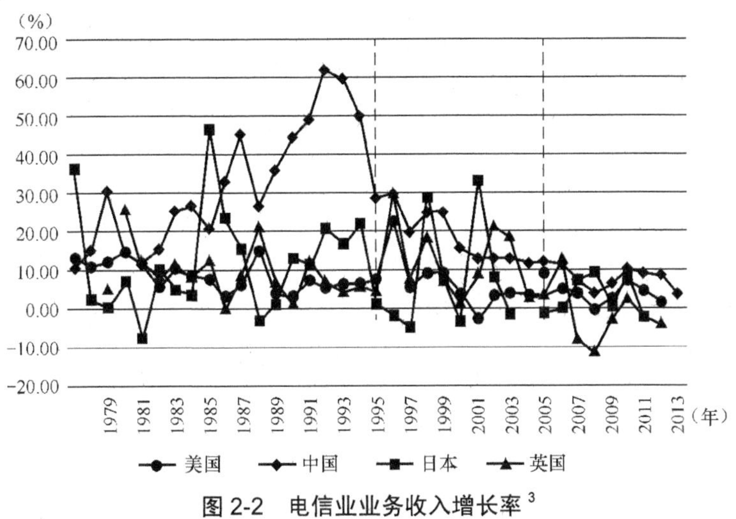

图 2-2　电信业业务收入增长率[3]

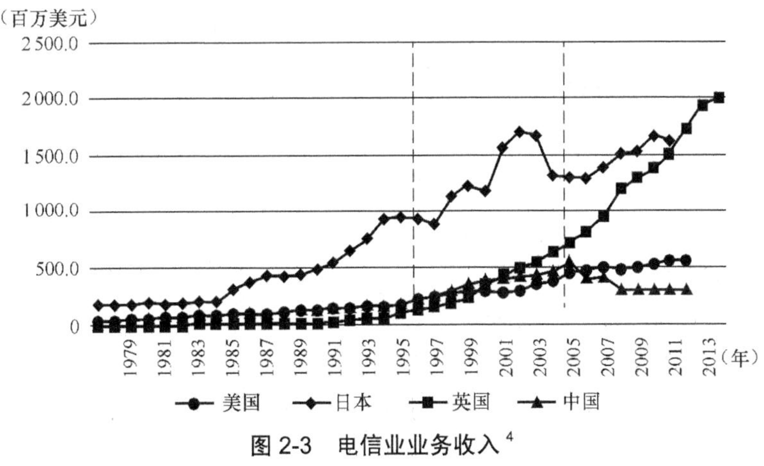

图 2-3　电信业业务收入[4]

注 3：数据来源为 GSMA 和中国信通院。

注 4：数据来源为 GSMA 和中国信通院。

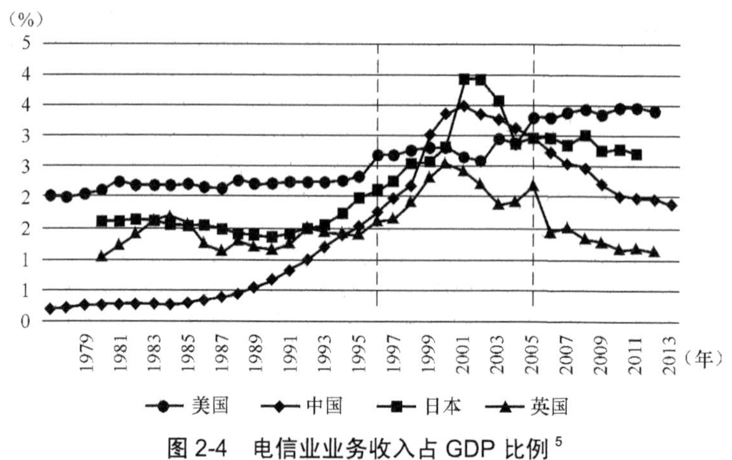

图 2-4　电信业业务收入占 GDP 比例[5]

从市场结构和竞争格局的角度来看，电信业在技术的引领下不仅实现了发展模式的跨越式演进，整个电信业市场形态也发生了深刻的变化——从封闭走向开放，从垄断走向竞争。特别是 OTT 业务的出现在一个侧面打破了行业垄断壁垒，电信业的市场格局也由电信运营商主导迅速滑向电信运营商与互联网公司在竞合中平衡的状态。与此同时，电信业利润呈现出阶梯式下滑，行业利润持续收敛，区域间差异迅速缩小。电信业利润区间如图 2-5 所示。

从全球分区域的利润率变化可以折射出从 2G 到 4G 时代，电信业市场形态已经悄然转变，各区域的利润率逐渐收敛并趋于稳定，这种趋势性变化意味着超额利润的消解和行业竞争程度的加剧。

在 2G 时代，电信业享有丰厚的垄断利润，区域间、电信运营商之间受市场保护、政策约束等形成了相对封闭的市场，定价模式、发展格局和利润率存在显著差异。

注 5：数据来源为统计年鉴和中国信通院。

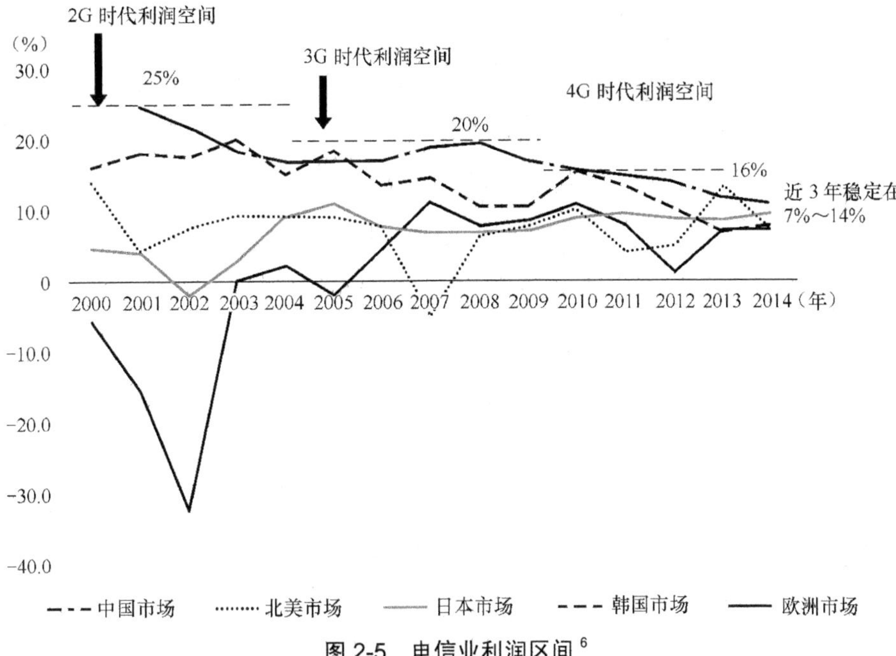

图 2-5 电信业利润区间 [6]

在 3G 时代，移动互联网开始兴起，数据流量对语音的业务收入替代效应开始出现并以替代效应为主，利润率呈现出阶梯式下滑。

在 4G 时代，由于移动互联网的普及和爆发式发展，数据流量对语音的冲击进一步加剧，互联网技术、OTT 服务的兴盛，电信业的垄断市场壁垒在数据流量业务这个子市场上正在被互联网公司打破，行业的垄断利润迅速消弭。

2.1.2 流量业务的发展引领电信业走进新阶段

电信业正在经历数据业务对语音业务的大规模替代，形成业务收入的替代效应。随着技术的飞速发展，网络承载能力的大幅提升，流量的单比特价格大幅下降：一方面拉动语音业务的成本骤然下降；另一方面激发了用户对

注 6：数据来源为 GSMA 和中国信通院。

流量本身的天量需求。特别是 3G、4G 和 Wi-Fi 技术的普及以及互联网应用的发展，让 OTT 服务迅速推广，从而使得语音等传统电信业务在用户端以数据流量传递的形式得以实现，随之而来的流量对语音的替代成为电信业转型的内生动力。

电信行业由语音向流量的转型可以划分为流量替代语音阶段和流量经营阶段两个阶段。两个阶段的拐点即为数据流量业务的收入替代效应的门限值——在拐点的左侧，流量业务对语音业务的替代将电信行业收入增长率迅速拉低，电信行业利润率迅速收敛，电信行业经历从高速增长转变为中低速增长；在拐点的右侧，流量业务的收入效应开始显现，流量业务的超高速增长成为拉动电信收入增长的主要动力。整个电信行业进入低速增长周期，且随着新技术、新产品的推出呈现阶梯式发展。

1. 流量业务的发展对电信业具有收入替代效应

数据流量业务的发展对传统电信行业产生了收入替代效应，其中替代效应是指在需求侧由于用户端流量阶段式计费模式（打包定价）与语音业务连续计费模式（按分钟甚至秒收费）的差异使得用户大量使用 OTT 业务，以数据流量形态实现语音业务需求，呈现出数据流量业务对语音业务的替代；在供给侧，对于电信运营商来说，语音业务的成本远远低于流量业务。因此，流量业务对语音业务的替代实际上是将用户消费从利润丰厚的语音业务市场拉向利润稀薄的数据流量业务市场，造成了行业利润率的急剧缩水。

收入效应则是由于数据流量业务本身激发了用户对互联网应用等内容服务的潜在需求并培养起用户为数据流量付费的消费习惯，数据流量业务需求的爆发推动了电信业总业务收入的提高。

2. 流量业务的收入替代效应具有显著的门限特征

数据流量业务的收入替代效应呈现明显的门限特征，部分越过门限值的区域实现了电信行业业务收入增速的企稳回升。业务收入替代效应的影响方向、影响深度受技术、消费者行为、经济社会环境、政策监管约束以及产业链生态等多种因素的共同作用，影响机理十分复杂。从美国、欧洲、日本及中国等主要观测区域来看，数据流量业务对总业务收入中语音业务的收入替代效应的影响方向和影响深度具有显著的差异，然而同时也表现出业务收入替代效应的内在规律——存在一个相对稳定的“门限值”。

“门限值”的存在是由于在数据流量业务的发展初期，替代效应往往占据绝对主导地位，然而数据流量业务在目前的技术水平和需求体系下尚无法实现完全替代语音业务，对语音业务的刚性需求构成了语音业务的“保留值”，随着数据流量业务对语音业务的替代趋于语音业务“保留值”，替代难以进一步深化，至此，可以视为数据流量业务对语音业务的替代效应完全释放，数据流量业务的进一步增长带来的业务收入效应将逐步显现。该“保留值”所对应的数据流量业务收入在总业务收入中的占比也就构成了数据流量业务收入替代效应的“门限值”。从美国、日本、欧洲的数据来看，该“门限值”有两个构成要素：一是数据流量业务占比达到30%左右；二是流量业务超高速的复合增长率。

3. 跨越门限值后，电信行业进入新一轮的阶梯式发展周期

在跨越“门限值”之后，流量业务的收入贡献度增加，由于业务本身的低单价和阶梯式定价模式、边际贡献递减的属性以及Wi-Fi对流量业务的深层替代，电信行业将难以回到高速增长的黄金时期，取而代之的是以流量业务超高速增长所推动的收入增长率在较低水平的企稳。在这个阶段，行业的发展依赖于新技术和新产品的推出所带来的流量消费的升级，当一个新技术的推出成功激发流量需求在量级上的提升和成本的下降，电信行业收入增速就将迎来一个阶梯状的上升，随后在边际贡献递减的规律下缓慢向下收敛，直到下一个新技术的出现。

2.1.3 电信业正处于跨越阶段性拐点的关键时期

1. 美日已经跨越拐点，进入流量经营新阶段

在数据流量对语音的替代不可避免的情况下，美、日的领先电信运营商积极应对，主动向流量经营时代迈进，已经完成了数据流量对语音替代的筑底，业务收入效应开始显现。美国的流量业务起步较早，自 2004 年流量业务迅猛发展，在整体业务收入结构中的占比快速攀升，至 2008 年美国电信业的收入结构出现历史性转换——语音业务收入绝对值开始下降而数据流量业务收入实现倍增并成为业务收入增长的主要来源。美国近年来移动业务收入结构变化如图 2-6 所示。

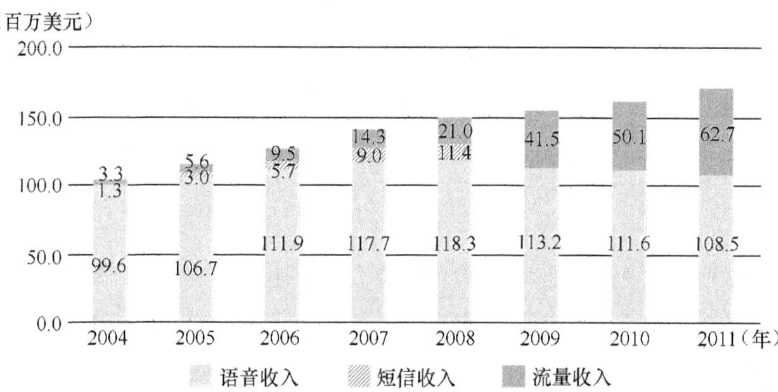

图 2-6 美国近年来移动业务收入结构变化[7]

从增长率来看，美国数据流量收入增长率与总体收入增长率的发展趋势一致。美国数据流量业务收入对总收入增长的贡献自 2004 年开始显现并迅速占据主导地位，2009 年以后数据流量对收入增长率的贡献保持在 100% 以上（2009 年当年数据出现异常，作为特异值在分析中予以剔除），呈现出流

注 7：数据来源为 FCC。

量对总收入的绝对主导作用。美国流量收入增长率与总收入增长率如图 2-7 所示。

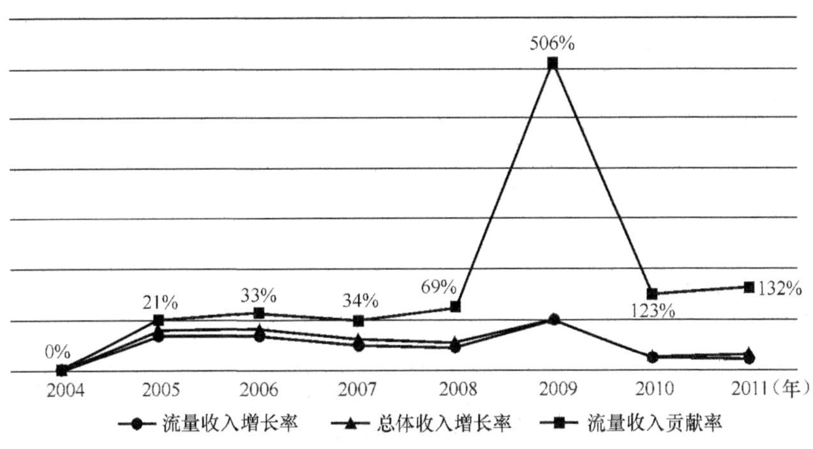

图 2-7　美国流量收入增长率与总收入增长率[8]

对比美国电信业收入增速与流量收入占比，2004 年和 2009 年两个年份成为美国电信业的转折点。2004 年，数据流量业务对总收入中语音业务收入的替代效应开始显现，美国电信业进入“替代下行期”，在 2004 ～ 2009 年的 5 年时间内，数据流量业务对语音业务的替代效应显著地拉低了总收入。数据流量业务在总收入中的占比在这 5 年时间内实现了从 3% 至近 30% 的跃升，与此同时，美国电信业的收入增速从 20% 骤跌至不足 4%。

2009 年，美国电信业迎来走出过渡期的转折点，随着流量业务收入以超过 50% 的复合增长率爆发式增长，电信行业总收入增速止跌企稳，随着流量业务收入占比的进一步攀升而稳定在 3% ～ 7% 内窄幅震荡。从 Gartner 的数据可以看出，在近 5 年北美市场电信业务收入小幅回升，流量对需求的激发带动了业务收入的上涨，在电信行业转换后期表现出业务收入效应。美国电信业移动业务收入增速与流量业务收入占比如图 2-8 所示。

注 8：数据来源为 FCC。

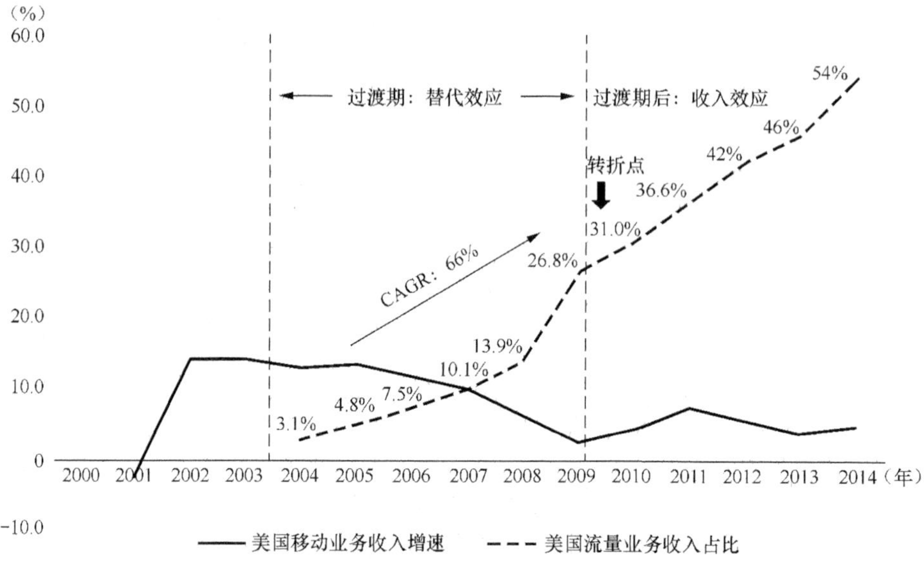

图 2-8　美国电信业移动业务收入增速与流量业务收入占比[9]

美国电信业率先走出转型过渡期迎来数据流量业务的收入效应，既与其消费行为习惯有关，也反映了美国行业监管体系及电信运营商积极应对的成效。当然，美国的互联网快速发展是流量快速上升的主要原因，也是促使电信运营商快速转型的主要动力之一。

美国电信行业的市场化和竞争程度一直相对较高，行业自主性程度高，应对竞争的经验和能力相对丰富。在各国电信运营商仍在试图提高语音业务收入的 2012 年，美国的主流电信运营商即推出无限语音套餐，语音资费已不再成为关注的重点，美国的电信运营商已不再对语音资费进行统计，成功实现了语音业务向数据流量业务的转换。

进一步观察美国市场的发展可见：流量经营中业务收入增长需流量高速增长作为拉动的特征明显。2010 年美国开始发展 4G 以来，高速增长的

注 9：数据来源为 GSMA、FCC、HIS。

流量带来了较好的收入增长，2010 ～ 2013 年的流量增长率保持在 70% ～ 120%，美国两大主流电信运营商移动业务收入增长率也达到了 4% ～ 10%。但自 2014 年流量增速下降滑至 26%，2015 年两大主流电信运营商的 DOU 增长率 AT&T 下降至 5.36%，VERIONZ 下降为 1.62%，移动业务收入的增速 2015 年也下降到了 AT&T 为 -2%，VERIZON 为 -3.1%。流量对业务收入的增长失去拉动作用，电信运营商不得不依靠终端、国际购并和视频业务等业务维持业务收入的增长。2020 年，5G 将实现商用，届时流量成本将再次大幅下降，电信业又将迎来新一波的流量增长。流量的增长伴随着技术的创新呈现出了波浪式上升的态势。

与美国类似，日本也在 2007 年完成了数据流量业务收入效应主导权的切换，电信行业渡过转折过渡期，走向中低速的稳定增长。日本电信业收入增速与流量业务收入占比如图 2-9 所示。

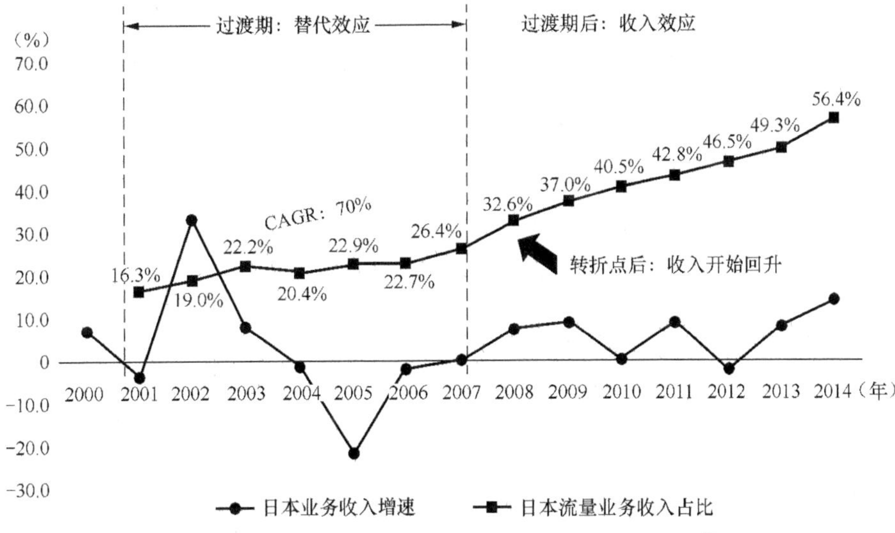

图 2-9　日本电信业收入增速与流量业务收入占比 [10]

注 10：数据来源为 GSMA、ITU。

从美国和日本的电信行业增长来看，数据流量业务超高速复合增长以及在总收入中占比 30% 成为电信行业转折的关键性拐点，能否顺利跨越这一拐点成为电信行业转型发展的关键，直接影响电信行业收入增速的方向。

2. 中国正在跨越拐点，并有望在近一两年实现跨越

从我国当前的发展阶段来看，目前正处于数据流量业务对语音业务收入替代效应的拐点，数据流量业务的替代效应仍占主导地位，但业务收入效应已经若隐若现。

2008 年以来，我国互联网飞速发展，数据流量业务呈爆发式增长，2009 ～ 2015 年数据流量业务收入复合增长率超过 50%。截至 2015 年年底，数据流量业务收入占比已达 32%，跨越了 30% 的数据流量业务收入替代效应门限值。相应的，2015 年，我国电信行业实现了业务收入增速的止跌企稳。2014 年，中国移动业务收入增速下跌至 4.4%，2015 年，中国移动业务收入增速继续下跌至 0.0%，而 2016 年 1 ～ 2 月的中国移动业务收入增长率“V”型反转为 6.1%。可以看出流量业务的收入效应开始显现。

与国际领先的电信运营商不同，我国的移动通信发展相对滞后。国际电信运营商的流量高速增长期维持了大约 4 年的时间，之后，出现了流量增长的乏力期，行业面临着寻找新增长动力的巨大压力。但我国 2014 年开始 4G 商用，流量得以高速增长。由于与 2020 年的 5G 商用间隔较短，流量发展的空档期相对美国等发达国家不明显。因此，随着 5G 技术发展和 VR、互联网 +、智能制造、物联网等新型业务的推广，我国电信业在未来的 7 ～ 8 年中，流量将是发展的主要驱动力，维持电信行业良好增长。我国流量业务收入占移动业务收入比与移动业务收入增速如图 2-10 所示。

3. 欧洲能否成功跨越前景不明

反观欧洲，几大主要观测点仍然处于替代下行阶段，数据流量对语音业务的加速替代仍在进行中，数据流量业务的复合增长率效低，业务收入效应

尚未显现。在欧洲，英国、法国、德国、西班牙的移动业务收入增幅持续走低，如图 2-11 所示。

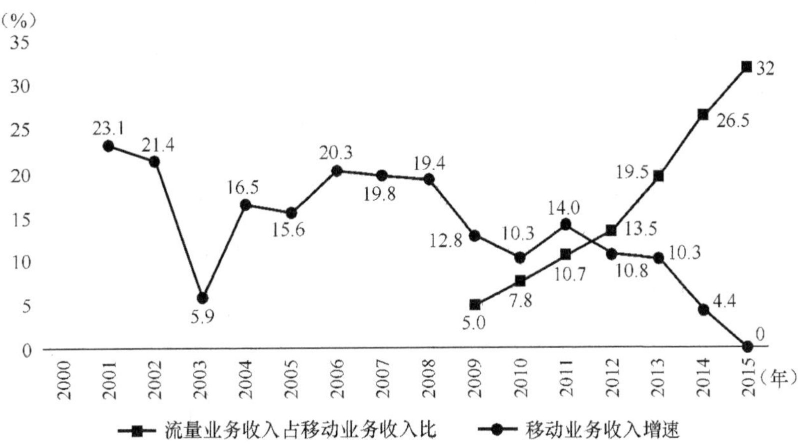

图 2-10　我国流量业务收入占移动业务收入比与移动业务收入增速 [11]

欧洲电信业的持续走低不仅是由于数据流量业务的替代效应，更重要的原因是欧洲经济的持续低迷及其互联网发展欠佳。从全球的互联网发展来看，北美、中国、日本的互联网需求较大，表现为数据流量业务复合增长率极高；而欧洲的互联网发展速度比北美和东亚低，互联网需求不够旺盛，表现为数据流量业务的复合增长率相对较低，这使得欧洲迟迟不能跨过流量业务收入替代对应的门限值。

2.2　转型期的业务收入增速

电信行业在经历几十年的稳定快速发展后，行业自身的发展驱动力已经

注 11：数据来源为工业和信息化部。

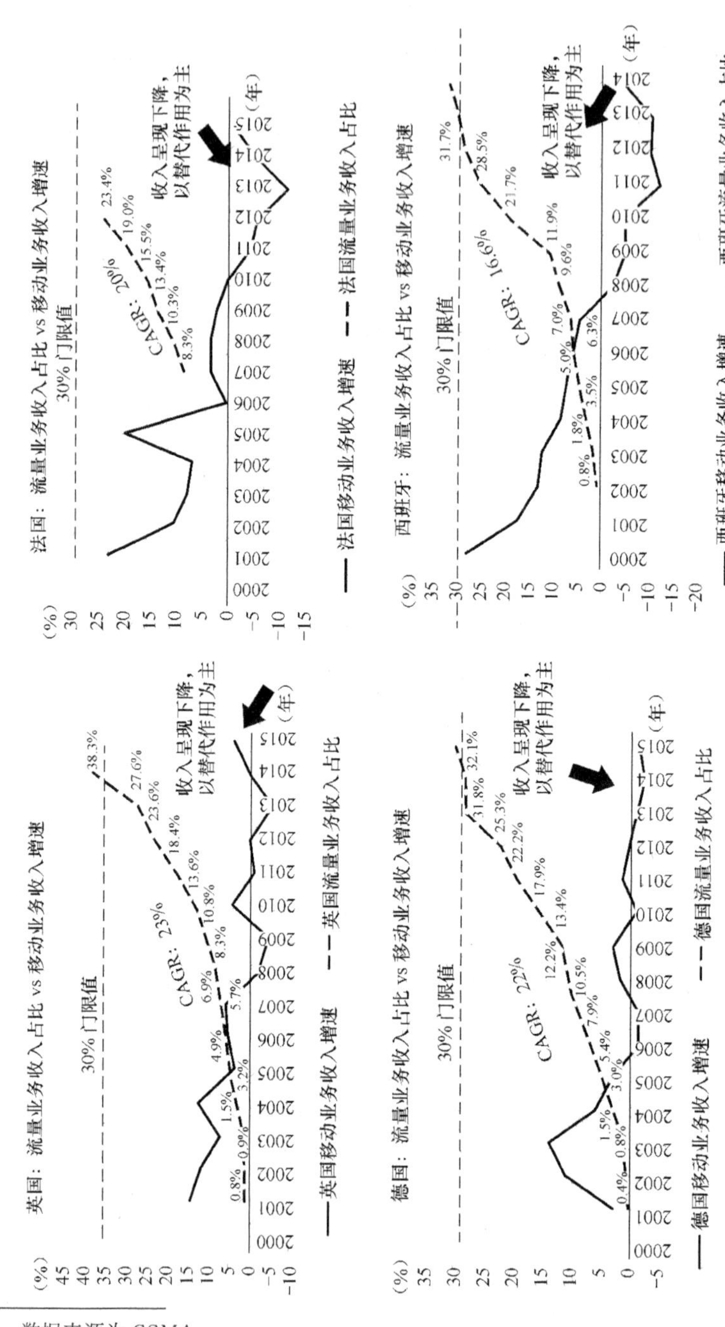

图 2-11　欧洲四国流量业务收入占比与移动业务收入增速[12]

注 12：数据来源为 GSMA。

由用户数量驱动转变为使用量驱动，由语音业务转向流量业务，这种发展驱动力的转换与数据流量业务的替代效应以及 Wi-Fi 对移动数据流量的替代作用三相叠加，使得转型期的行业收入增速会出现探底后小幅反弹继而走稳的 L 型，并最终将行业带入中低速发展的“新常态”。

2.2.1 电信业收入增长率以 GDP 为中枢波动

对比美国、日本和欧洲主要国家电信业收入增速和 GDP 增长率之间的关系，如图 2-12 所示，可以清晰地看到，虽然电信业收入增速与 GDP 增长率之间虽然并非严格相关，但电信业收入增长率始终是以 GDP 增长率为中枢上下波动的，并呈现出了波动幅度收窄的趋势。

反观中国，电信业收入增速与 GDP 增长率之间的关系并不紧密，行业发展的独立性更加明显，如图 2-13 所示。我们认为，中国电信业发展与 GDP 之间相关性的缺失主要是由于电信业起步晚，在电信业开始发展直到 3G 开始普及和爆发的阶段中，中国电信业始终处于加速追赶的状态，用 30 年的时间走完了欧美等发达国家上百年的发展历程。在这个阶段中，一方面是电信业基础设施建设大升级、产品服务水平大跨越式的追赶，另一方面则是通信需求的集中爆发所推动的行业收入补偿式增长。随着累积需求的释放进入尾声，中国电信业的爆发式增长窗口期也走向末期，可以清晰地看到近年来我国电信业发展趋势与欧美日等国逐渐趋同，与宏观经济形势的关系日益密切。

电信业收入增长率与 GDP 增长率的这种缠绕但不同步的关系反映出电信业发展具有一定的独立性。由于电信行业的寡头属性，行业自身对于当年业务收入增长率有着较强的控制能力，电信运营商能够通过市场促销、产品创新、管理创新等方式实现对业务收入的短期干预，但从中长期来看，电信行业仍然是基于经济发展基本面的，电信行业发展的趋势与宏观经济是无法背离的。

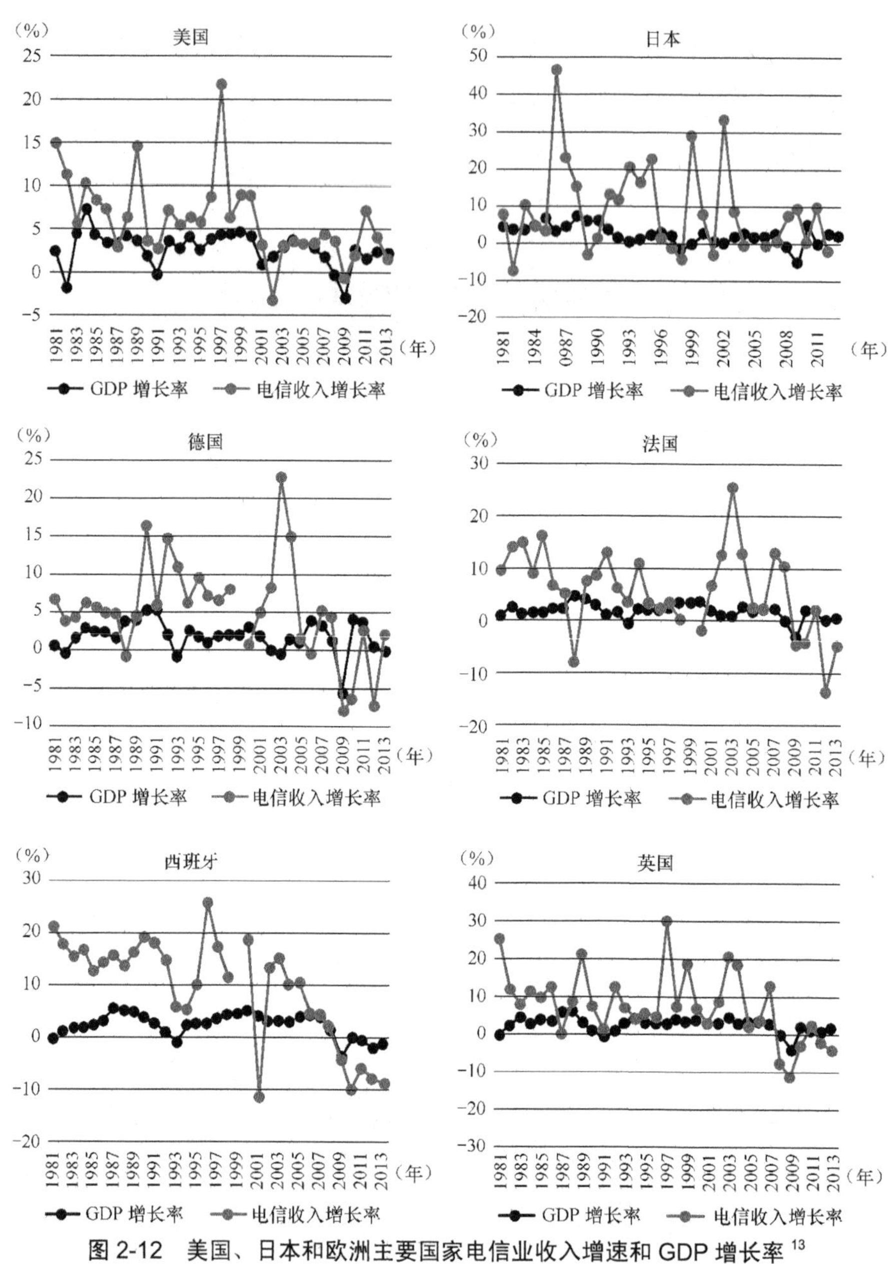

图 2-12 美国、日本和欧洲主要国家电信业收入增速和 GDP 增长率[13]

注 13：数据来源为中国信通院。

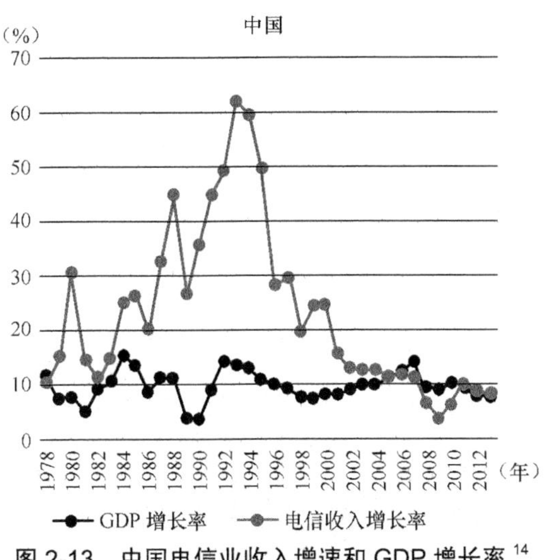

图 2-13　中国电信业收入增速和 GDP 增长率[14]

2.2.2　中国电信业正在经历收入结构的转变和增长动力的转换

从收入结构来看，中国电信业自起步以来一直在快速的增长和变革，在不到 30 年的时间里，中国电信业完成了由固定通信业务主导到移动通信业务主导的变革，并正在经历由语音业务主导向流量业务主导的转变（中国电信业务收入结构如图 2-14 和图 2-15 所示）。

与业务收入结构转换同时发生的是电信业增长动力的转换。2015 年，我国全国电话用户净增 121.1 万户，总数达到 15.37 亿户，增长 0.1%，比 2014 年回落 2.5 个百分点。其中，移动电话用户净增 1964.5 万户，总数达 13.06 亿户，移动电话用户普及率达 95.5 部 / 百人，比 2014 年提高 1 部 / 百人。固定电话用户总数 2.31 亿户，比 2014 年减少 1843.4 万户，普及率下降至 16.9 部 / 百人。上述数据清晰地表明移动电话普及率已经趋近饱和且增长率持续回落，固定电话普及率的下降也已经成为长期趋势，用户普及率的进一步

注 14：数据来源为中国信通院。

提高已经几乎没有空间，用户规模作为一直以来推动我国电信业收入增长的最重要动力正在失效。

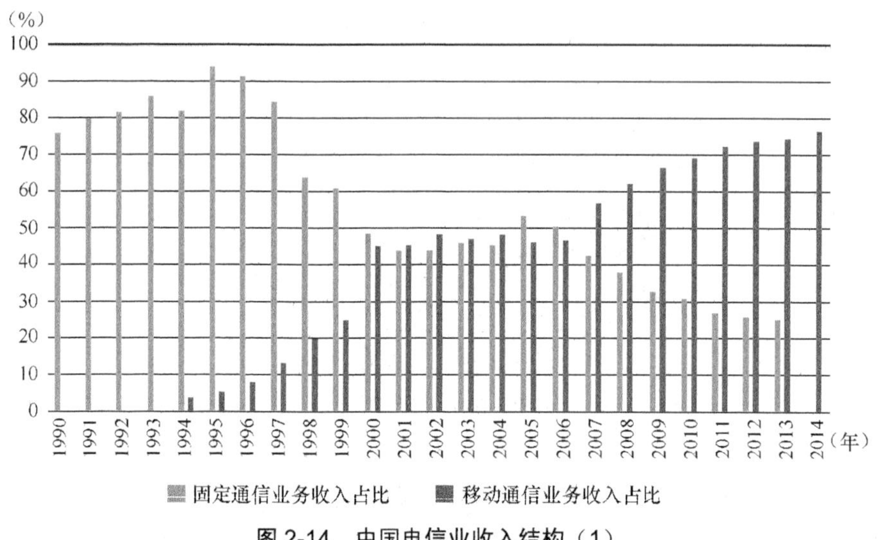

图 2-14 中国电信业收入结构（1）

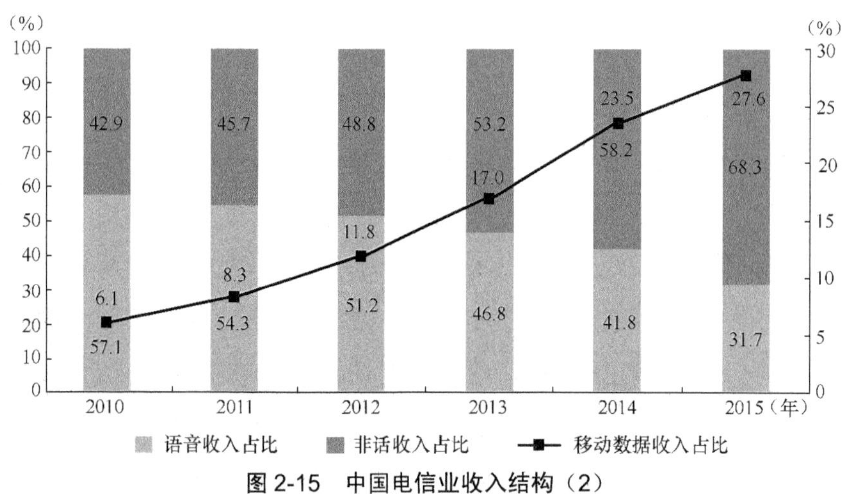

图 2-15 中国电信业收入结构（2）

与此同时，电信用户正在从低端向高端迁移，用户的高端化正在成为电信业增长的新动力。2G 用户数正在加速减少，2015 年 2G 移动电话用户减少就达 1.83 亿户，是 2014 年净减数的 1.5 倍，2G 用户占移动电话用户的比重下降至 39.9%。4G 移动电话用户新增 28894.1 万户，总数达 38622.5 万户，在移动电话用户中的渗透率达到 29.6%。电信业的增长动力正在从覆盖率向覆盖深度转换。

2.2.3 流量业务受到 Wi-Fi 深度替代，收入空间被压缩

流量业务量的持续走高并没有切实成为电信运营商收入的增长，其中一个重要原因在于 Wi-Fi 对移动流量业务的替代。Wi-Fi 的供给对蜂窝流量产生深度替代，阻碍了业务收入效应的显现，限制了业务收入的增长。由于 Wi-Fi 的边际价格几乎为零，使得用户在 Wi-Fi 覆盖区域大规模使用 Wi-Fi 而不使用蜂窝网络。据 Gartner 数据统计，美国约 80% 的室内流量由 Wi-Fi 承担；据 APP Annie 数据，全球 90% 以上智能手机活跃用户依赖于 Wi-Fi 网络，Wi-Fi 流量占比超过 70%，中国网络流量中 Wi-Fi 占比高达 93%。Wi-Fi 的供给加剧了流量供给侧的竞争，限制了业务收入的增长。

流量业务受到 Wi-Fi 的替代，压缩了业务收入效应的空间，进一步降低了电信行业业务收入的增速，电信行业进入中高速增长的区间，在没有新一代杀手级应用出现的情况下，行业难以走出中高速增长的限制。

2.3 转型期的市场格局

电信业转型期的另一大特点是市场竞争格局的变化，传统电信业是明显的寡头垄断市场，有限的电信运营商构建起区域壁垒，市场格局在相当长的时间里保持着相对稳定，然而随着流量业务的兴起和移动互联网的爆发，IT

和 CT 也加速向 ICT 方向融合演进，互联网公司通过 OTT 业务向用户提供服务，从而将传统运营商“管道化”，在一个侧面撕开了电信运营商的垄断壁垒，电信业的竞争不仅是有限电信运营商的同质竞争，而是演变为更高层次的包含与互联网公司之间的异质性竞争。

ICT 的融合不仅带来了关于电信业管道化的抉择，更是带来了电信业内部市场格局变化的潜在动力。在 CT 时代，中国的电信运营商处于典型的古诺竞争格局，同质化的产品和单一的市场需求给电信运营商带来“黄金时代”，电信行业内的三大运营商均可以获得最大利润。但随着 4G 的深度发展和中国移动领先地位的确立，中国电信业的市场格局逐渐转向中国移动领先，电信和联通跟随的斯塔克伯格市场——领先者获得最大利润而跟随者要在给定产量和价格的前提下通过压降边际成本来获取更高的利润。在这一转变下，意味着作为跟随者的联通和电信在未来将更加积极地推动技术创新、管理创新和运营创新，成为推动行业创新最活跃的内生力量。

2.3.1 古诺竞争为电信运营商带来“黄金时代”

由于电信业具有极高的前期固定资产投资和几乎为零的边际成本的特性，规模经济效应十分明显：一方面使得先进入者可以构建起极高的门槛从而不利于后来者的进入；另一方面使得中小厂商处于竞争的劣势，电信业具有自然垄断属性。从世界范围来看，各国的电信业——无论是在自由市场还是政府主导市场，都走向了寡头垄断格局。在任何一个区域（国家）市场内，有限的电信运营商均掌握着同样的技术并提供同质化的产品和服务从而构成了古诺竞争市场。在这种竞争模式下，同一区域内各运营商最终以相同的价格提供产品和服务，并获得最大利润。在原有竞争格局下，电信运营商之间可以通过合谋来获取最大利润，从而形成相对稳定的竞争格局和同质化的产品策略——即使各电信运营商的产品定价和产品包略有差异，但无论是定价模式还是产品内涵本质是相同的。可以说，古诺竞争格局是电信运营商的“黄金时代”，各个电信运营商均在此期间获取了丰厚的利润。

2.3.2 异质化发展成为下阶段电信运营商发展的基本格局

随着 4G 的全面商用，CT 与 IT 加速融合将电信业带入发展的“下半场”：一方面，经过多年的积累，电信运营商之间出现了分化，在区域市场内部出现了“领头羊”和跟随者；另一方面，互联网通过 OTT 业务向消费者提供服务满足消费者的通信、沟通需求，从而加剧电信行业的市场竞争，急剧压缩电信行业的利润空间。两相叠加使电信运营商不得不走上产品和服务创新的道路，特别是“跟随者”的日子愈发艰难，激发了“跟随者”创新的内生动力，成为市场中最活跃的力量。在既有市场竞争格局开始分化的节点，作为“跟随者”的中小电信运营商将会成为推动行业竞争、引领产品创新的力量，将站在新技术应用和新产品开发的浪潮之巅。

2.4 转型期的中国电信业

中国电信业起步较晚，用了大约 30 年左右的时间几乎走完了发达国家百余年发展历程。同期，国家经济高速增长，消费者收入快速上升，使得中国在过去的 20 余年里电信行业发展呈现补偿式增长，累积需求的集中爆发推动中国电信业持续超高速发展。但随着国家经济转入新常态，消费者收入增长趋缓，累积需求释放完毕，电信行业将逐步走向常态化饱和发展阶段。其表现就是电信业总体利润水平的下滑，与发达国家电信业在发展形态、趋势和利润等方面呈现出逐渐趋同的趋势。

从中国当前的发展阶段来看，目前正处于数据流量业务对语音业务收入替代效应的拐点，数据流量业务的收入效应已经若隐若现，但受到用户通信支出天花板、Wi-Fi 替代以及政策干预等因素的影响变得更加复杂。

从供给侧来看，电信运营商的产品运营能力和管理能力为运营商收入和利润增长提供了重要支撑，而 Wi-Fi 的发展则成为流量业务最大的竞争对手，极大地压制流量业务收入效应的实现；从需求侧来看，消费者通信支出的天花板近在眼前，降低了电信行业收入的增长空间，而用户流量消费习惯养成的消费需求的持续增长则为电信行业收入增长带来希望；而监管侧的政府宏观调控和电信行业调控则使得行业收入增长的方向变得更加复杂。

2.4.1 从供给侧来看，中国电信业内部产品竞争加剧

（1）电信运营商的产品运营和管理能力：我国的电信运营商虽然起步较晚且脱胎于政府，但历经 1994 年的联通破冰、1998 年的政企分开、中国移动的成立、2000 年左右的新兴电信运营商的兴起和中国电信的拆分等几次改革，我国电信运营商的产品设计和产品运营能力、市场营销水平和内部管控体系已经十分健全，高效的内部运营、稳定的网络维护、快速的产品迭代使得我国电信运营商具有更强的成本控制和市场维护能力，为电信行业收入和利润率的增长提供了坚实基础。

（2）Wi-Fi 供给：我国市场 Wi-Fi 对蜂窝流量的替代严重地抑制数据流量业务收入效应的显现，阻碍业务的收入增长。据 APP Annie 统计，中国网络流量中 Wi-Fi 占比高达 93%。Wi-Fi 对蜂窝流量的替代严重制约了移动蜂窝网络流量业务的增长，成为限制流量业务收入效应实现的最主要

原因之一。

2.4.2 从需求侧来看，客观经济仍是推动电信业消费升级的主要动力

（1）用户通信支出的天花板：用户通信支出的天花板效应已经成为制约全世界电信业发展的瓶颈，然而得益于较晚的起步、较高的语音业务保留值和中高速的经济增长，我国用户通信支出仍然是推动电信行业收入上涨的重要力量。首先，我国的通信市场起步较晚、语音业务保留值较高。由于巨大的地区差异和城乡差异，在东部沿海地区和发达城市流量对语音的替代不断加速和深化的同时，中西部省份和农村地区仍然具有较高的语音通信需求，成为拉动电信行业收入增长的另一股力量。其次，我国经济的中高速增长拉高居民收入，将通信支出“天花板”抬高。假设未来 5 年居民人均可支配收入年增长保持在 6.5%，由居民消费将拉动的电信业务收入增长有望达到 2% 左右。

（2）用户流量消费习惯的养成：我国用户对流量的需求增速持续攀升。得益于 4G 网络的快速普及和居民流量消费习惯的形成，我国用户流量潜在需求将得到释放。预计到 2020 年，国内移动互联网月均流量年复合增长率达到 70% 左右，人均月流量增长 13 倍。其中高清语音、高清视频等业务是移动互联网流量提升的最大驱动力。

2.4.3 有效监管推动行业规范发展

政府宏观调控和电信行业调控：政府的宏观调控和电信行业调控在中国电信业的发展中呈现中性：一方面，政府的宏观和电信行业调控都直接对行业产生巨大影响，但不同的政策指向针对电信行业的不同层面发挥作用，其政策合力难以测量和估算；另一方面，政府对电信行业的调控既有网络规划、

行业标准、信息安全等前端调控，又有服务定价、税收政策等后端调控，这使得调控本身既是电信行业发展的输入变量，又不断根据电信行业发展而调整。

中国乐观的宏观经济增长环境、巨大的数据流量需求增长空间以及电信运营商较高的运营能力对电信行业收入增长有显著的促进作用，未来面临的发展环境将比美、欧、日略显乐观。

第三章

电信业转型的趋势和热点

3.1 管道经营创新

传统电信运营商的管道服务，包括语音、流量和短彩信，基本都是同质化、普适性的，因此面临贬值和恶性竞争的困境。随着万物互联时代的到来，网络设备接入管道的数量呈指数级增加，管道承载的业务形态不断扩大。这一切将对管道的承载能力、管道数据的智能识别、分析和控制，以及管道内信息安全提出了新的挑战，也给电信运营商基于管道的业务创新带来了新的发展机会。由于网络中立原则，面向公众用户的差异化服务并不被大多数国家的监管机构所接受，因此围绕管道的增值服务更多的是面向企业用户设计的。

3.1.1 管道加速服务是管道经营创新的基本形态

通过灵活的计费策略与 QoS 保障，开展与 OTT 企业的流量后向合作已经成为一种新的探索。电信运营商可以根据用户即时需求，按时段、按应用类型进行网络资源动态调整，满足用户突发的网络加速需求，电信运营商可按流量多少、调速次数、调速时长等进行收费，显然管道加速服务已成为一种新型服务。

案例：

① 中国电信：与迅雷开展的提速包服务。用户向迅雷购买会员服务，迅雷为其会员的提速服务买单。通过智能管道能力平台，面向互联网企业的现象级应用提供提速、路由优化等服务，提升互联网用户的访问质量正是这种服务的需求所在。

② MegaFon：俄罗斯移动电信运营商 MegaFon 早已经推出即时带宽订购提速业务“Turbo Button”，成为 Turbo Button 可以分别按时长、流量计费，该服务极大地方便了用户，一经推出就广受好评。

③ Verizon：也推出了有偿的网络加速服务，当用户需要大带宽来满足视频通话、高清视频点播、高速下载等应用时，可单击应用中的“Turbo Boost”按钮暂时使得网速加快，即使遇到网络拥堵，单击该按钮也会使该用户的设备在网络系统中获得优先权。

3.1.2 大数据服务将成为管道价值变现的新机遇

互联网时代和移动互联网时代使得电信运营商的管道数据爆发式增长。万物互联时代更是将管道数据量提升了数个量级。电信运营商数据资产的数量将急剧增加，价值被不断提升。相比于其他数据源机构和企业，电信运营商触及所有的数据品类，只是深度略有不同，同时对于数据的规模以及多样性也具有无可比拟的优势。因此，基于管道数据的商业价值开发成为管道价值创新的另一个新商机。目前，电信运营商面向合作伙伴和用户尝试推出定制化的流量报告服务，以此提升流量合作的价值，提升大数据挖掘的变现价值。

3.1.3 高清语音（VoLTE）将成为语音服务新形态

为了应对互联网 VoIP、即时通信业务的竞争，电信运营商正在推出更好的、QoS 有所保障的类似服务。与 OTT 语音服务相比，VoLTE 意味着有更好的语音质量，同时电信运营商能够通过协作来实现跨网络的 VoLTE 呼叫，而 OTT 服务却无法做到这一点。2016 年，中国 VoLTE 手机的发展速度已经远超全球平均水平，上市的 VoLTE 款型占 4G 手机款型的 50% 以上，这为用户和业务发展奠定了良好的基础。包括中国移动在内的电信运营商也在大力推动 VoLTE 的商用。

3.1.4 融合通信（RCS）是管道服务的大一统目标

RCS 将全面升级电信运营商现有的语音、短信等业务，提供富媒体消息、群聊、高清语音、高清视频等“升级版”业务，以及阅后即焚、流量红包等新奇的互联网应用。以此为平台，电信运营商能够提供各类应用的集合，以及针对企业级需求的应用。RCS 能够增强对用户的个性化业务需求的响应，基于同样价格提供更好的服务。目前，RCS 作为电信运营商的个人融合通信平台和社交平台，已经能够为第三方应用提供丰富并实用的能力开放接口，延伸电信运营商的多元业务拓展，并可以实现与 OTT 企业的竞争。

3.2 业务多元化

3.2.1 视频

视频作为互联网用户最核心的需求形态之一，与电信业务的捆绑销售，能够有效地拉动电信运营商的收入与用户规模，提升用户黏性和融合价值，这是电信运营商推动收入增长的重要方向之一。美国、欧洲、韩国的电信运营商全力部署视频业务，不断突破传统的经营思路，创新经营策略，将视频业务培育为其收入增长、用户规模增长的重要来源。随着三网融合政策的推动和视频市场的逐渐成熟，中国电信运营商在视频领域的拓展也取得了一定的成绩，但与国际电信运营商相比，其经营思路与经营模式仍待突破。

1. 视频业务的概念界定

随着信息网络技术和视频技术的不断发展，广播电视网、互联网、电信网融合度逐步提高，视频传输网络也从广播电视网向信息网络扩展，接收终端从电视扩展到计算机、手机、平板电脑等，因此衍生出互联网视频、移动互联网视频、互联网电视、交互式网络电视（IPTV）、手机电视等多种网络视频业务形态。

梳理中国当前的监管政策，基于信息网络传播的视频服务（以下简称“网络视频”）大致可以分为两类：第一类是“互联网电视”，即通过信息通信网络向电视机用户提供的视频服务，或者传输的内容包括电视台制作播放的内容，主要有业内所熟知的交互式网络电视（IPTV）、手机电视、互联网电视服务等业务形态；第二类是“互联网视频”，即利用互联网（含移动互联网，以下简称互联网）向计算机、手机、平板电脑等电子设备用户提供的视频服务，也就是视频内容是非电视台的内容且接收终端也不是电视，包括“OTT 视频”“VOD 视频”等业务形态。

2. 国际电信运营商部署情况

（1）发展业绩

视频是推动电信运营商业务收入增长的核心驱动力之一，全球大部分的电信运营商通过部署 IPTV、有线电视、卫星电视，或者互联网视频，实现了用户规模和收入规模的增长，如北美洲的 AM、AT&T、Verizon，欧洲的

BT、DT、Orange、Telefonica、Vodafone，韩国的SKT、KT、LG U+，日本的NTT、KDDI，新加坡的Singtel。

① AM 2015年年底付费电视的总业务收入占比为8.4%，截至2016年第三季度，此比例上升至10%；

② AT&T 在2016年前三季度，视频业务收入同比增速为143.9%，总业务收入占比为22.1%，比2015年年底提升了近3个百分点；

③ BT 电视用户数在2014年的增速为23.7%，2015年的增速为14%，2016年第三季度增速也达到了4%；

④ Orange 2015年的电视用户同比增长6.1%，2016年前三季度同比增长7.1%；

⑤ Telefonica 2015年付费电视用户规模同比增速为62.6%，对总用户规模增长的贡献度为53.7%；

⑥ KT 在2016年前三季度，IPTV用户数同比增速为8.2%，业务收入同比增速为15.3%；

⑦ LG U+ 的IPTV业务在2015年拉动固网业务收入增长80%，成为固网收入增长的第一驱动，2016年前三季度，IPTV用户数同比增长12.5%，收入同比增长24.1%；

⑧ NTT 在2015年年底电视用户数同比增长4.4%，2016年前三季度同比增长1.4%。

（2）发展策略

① 商业模式

全球领先的电信运营商布局视频业务尝试三种商业模式。

第一是与互联网视频提供商合作，推出对视频业务有倾向性的无限流量套餐，降低用户流量使用门槛的方式，从而利用用户对视频的需求，实现用户流量使用量的规模提升，获得数据流量费。

DT 旗下的 T-Mobile 为了刺激用户使用流量，于 2015 年 11 月在美国推出了“Binge On”计划，基于用户选择的流量套餐等级的不同，给予不同等级的折扣优惠：对于所有的用户，针对合作视频给予 30% 的流量折扣优惠；对于办理了大于等于 3G 流量套餐的用户，可免费观看所有合作视频；对于办理了无限 LTE 套餐的用户，除了可以免费观看所有合作视频外，每个月还可以免费获得红遍美国的流媒体服务 Vudu 的电影兑换券。

同样，Vodafone 在英国也采用了相同的策略，其每个月 8G 的大流量用户可以免费使用 Spotify 移动音乐、Sky Sports 移动电视和 Sky 的 Now TV 流媒体视频的内容。

而 LG U+ 则采用了另外一种策略，即区分视频流量和普通流量。LG U+ 于 2015 年第二季度推出了包月、包天的视频专属大流量套餐，利用用户对视频的需求，激发用户的流量使用量。

第二是推出自有品牌的互联网电视业务，并收取包月 / 包年的互联网电视费。

Verizon 在 2005 年正式推出了其 IPTV 业务——Fios TV，并通过收取包月费获得收入。目前，Fios TV（英语版）有 Custom TV 、Traditional TV 和 Basics 三类套餐，其中 Custom TV 包括基础类和运动类两类视频套餐包，定价均 64.99 美元 / 月；Traditional TV 包括 255 个频道、330 个频道、425 个频道，三档套餐包，分别定价为 74.99 美元 / 月、79.99 美元 / 月、89.99 美元 / 月；而 Fios TV Basics 则包括非体育类的 15 个频道，定价为 10 美元 / 月。

随后，AT&T 在 2006 年正式推出其 IPTV 业务——U-Verse TV，同样通过收取包月费获得收入。目前，U-Verse TV 的包月费分为 50 美元 / 月、70 美元 / 月、125 美元 / 月三档，分别包括 200 个频道 +3 个月的 HBO 和 Cinemax 免费使用权、360 个频道 +3 个月的 HBO 和 Cinemax 免费使用权、550 个频道 +HBO、STARZ、SHOWTIME、ENCORE 的免费使用权。

AT&T 在 2015 年第三季度完成对美国最大卫星电视运营商 DirecTV 的收购后，将卫星电视 DirecTV 变成自有业务，延续传统包月费的商业模式。目前，DirecTV（英语版）有 35 美元 / 月、50 美元 / 月、55 美元 / 月、60 美元 / 月、70 美元 / 月、75 美元 / 月和 125 美元 / 月共 7 档套餐，分别包括 100 个频道、145 个频道、150 个频道、175 个频道、220 个频道、240 个频道和 315 个频道。

第三是打造自有互联网视频全网服务平台，以 APP 或网页的方式为全网用户提供视频服务，并通过收取包月 / 包年的互联网视频点播费 / 会员费，以及后向广告经营获得收入。

Verizon 聚焦千禧一代，基于英特尔的互动电视平台 OnCue，于 2015 年 5 月正式推出自有互联网视频平台 Go90。Go90 是面向全网用户的，而且主要通过后向广告经营获得收入，除了部分现场音乐、体育赛事收取点播费之外，大部分内容对于用户来说都是免费的。另外，对于 Verizon 的后付费 LTE 用户，还提供免费的无限量流量服务。

新加坡电信（Singtel）在 2015 年年初正式推出了 HOOQ，用户可以通过多个终端观看和下载该平台上的流媒体内容。HOOQ 除新加坡本地市场，目前已经进入了印度尼西亚、印度、泰国、菲律宾市场，拥有 5.5 亿手机用户。HOOQ 通过收取包月 / 包年的点播费 / 会员费获得收入，而具体收费标准则反映当地市场的实际情况，如在印度为 249 卢比 / 月（3.70 美元 / 月），在菲律宾为 149 比索 / 月（3.18 美元 / 月），在泰国为 119 泰铢（3.39 美元 / 月）。另外，Singtel 还在多个市场提供更为灵活的套餐计划，如在新加坡推出价格为 1.40 美元的限定权利、为期 7 天的接入包，在菲律宾等某些市场提供绑定数据流量的套餐。

香港的电讯盈科（PCCW）在 2015 年收购了美国移动在线视频服务商 Vuclip，并更名为 VIU，面向全网用户提供互联网视频服务。尽管 Vuclip 的总部设在加利福尼亚，但其目标市场在亚洲、中东和非洲等区域。在被收购之前，Vuclip 已经拥有来自埃及、印度、印度尼西亚、肯尼亚、科威特、马来西亚、尼日利亚、阿曼、泰国等 10 个国家的 800 万用户，并且与 17 个电信运营商和 250 个内容提供商建立合作伙伴关系，为其用户提供 34 种语言的视频内容。被收购后，电讯盈科为其注入了更多的独家视频内容，包括被翻译成普通话、英语、马来西亚语、印尼语等语言的内容，并基于自有的独特流媒体播放技术，使用户能够在任一终端上快速下载高清视频，获得独一无二的视频体验。VIU 主要通过广告和对部分内容收取点播费 / 会员费获得收入。

以上三种商业模式对应着电信运营商经营网络视频业务的三个方向，分别是流量经营、部署互联网电视和部署互联网视频，这三个方向各有利弊，如图 3-1 所示。首先，在流量经营的方向下，所需的资源投入较小，经营风险低，且短期效益明显，但是容易被竞争对手模仿，且电信运营商自身的价值空间并没有得到拓展；其次，在部署互联网电视的方向下，市场先入优势明显，价值空间得到有效拓展，竞争对手较难模仿，但是需要在网络能力、创新能力进行较多的资源投入；而在部署互联网视频的方向下，商业模式创新空间较大，规模效益明显，但是与互联网视频公司形成直接竞争关系，需要突破电信运营商传统的经营模式。

另外，这三种模式并非是互斥关系，DT 旗下的 T-mobile 在美国主要采用第一种商业模式，LG U+、Vodafone 同时采用第一种和第二种模式，AT&T、Verizon、BT、KDDI 等则侧重于第二种和第三种模式。例如，AT&T 基于其 DirecTV 内容和播放平台，在 2016 年年底面向全网用户提供 DTV Now、DTV Mobile 和 DTV Preview 三种不同类型的视频服务，用户可以用平板电脑、智能机、智能电视、流媒体机顶盒以及 PC 等设备观看，其商业模式就涵盖第二种和第三种。其中， DirecTV Now 允许用户观看来自许多网络的直播和点播节目，以及 DirecTV 当前的高级付费选项，通过收取包月 / 包年费的方式获得收入；DirecTV Mobile 提供“移动优先”的高端视频服务，通过收取会员费的方式获得收入；而 DirecTV Preview 则是依靠广告来支撑的免费服务，它会展示来自 Audience Network、Otter Media 和许多其他网络的内容。

	发展重点	利弊分析
方向一：流量经营 立足管道服务，最大限度发挥视频业务对流量和用户的规模拉动作用	• 推出倾向视频业务的无线流量套餐，降低流量使用门槛，培养移动视频消费习惯 • 提升网络能力，确保端到端的用户体验	• 利：资源投入少，经营风险低，且短期效益明显 • 弊：容易被竞争对手模仿，价值空间没有得到拓展
方向二：部署互联网电视 基于电视视频接入服务，打造家庭服务平台，拓展发展新空间	• 丰富视频内容，提升用户感知，并通过捆绑销售，扩展用户规模 • 以智能网关为终端，打造智能家居平台，构建产业生态，创新商业模式	• 利：市场先入效益明显，竞争对手难以模仿 • 弊：需要在网络能力、创新能力进行较大资源投入
方向三：部署互联网视频 探索互联网化经营，打造互联网视频跨网服务平台	• 构建以 APP 或网页的方式为全网客户提供视频服务的技术能力 • 视频内容的丰富性、独特性 • 操作界面的友好性、功能多样性、拓展用户规模，创新商业模式	• 利：商业模式创新空间较大，规模效益明显 • 弊：与互联网视频公司形成直接竞争关系，需要突破运营商传统经营模式

图 3-1　网络视频业务布局三种模式利弊对比

② 规模拓展

首先，捆绑销售是电信运营商拓展视频业务用户规模的核心策略。

AT&T 提供电视 + 宽带、电视 + 宽带 + 固话的捆绑套餐。其中，电视 + 宽带的定价为 80 美元 / 月，电视 + 宽带 + 固话的定价为 89.99 美元 / 月。

Verizon 提供电视 + 宽带、电视 + 宽带 + 固话的捆绑套餐。其中，电视 + 宽带有 50 美元 / 月、69.99 美元 / 月、84.99 美元 / 月三个档位，电视 + 宽带 + 固话有 79.99 美元 / 月、94.99 美元 / 月、109.99 美元 / 月三个档位。

英国电信（BT）提供电视 + 宽带 + 固话的捆绑套餐，第一步选择电视套餐，分为3英镑/月、10英镑/月和12英镑/月三个档位，第二步是选择宽带和电话套餐，分为26.99英镑/月、29.99英镑/月、44.99英镑/月三个档位。

其次，视频内容丰富性和独特性，则吸引用户是“黄金法则”。

为了获得独家的视频内容，实现视频内容的丰富性和独特性，国际电信运营通过资本运作或战略合作的方式，跨界视频内容自制领域，推出自制视频。例如，AT&T与私募股权投资机构Chernin Group创办的Web视频合资公司；OTT服务提供商Otter Media于2014年购买了YouTube最大内容提供商之一Fullscreen的控股权，从而介入视频内容生产环节，以获得独家的内容源。另外，国际电信运营商也选择通过重金购买的方式获得视频内容。例如，AT&T每年花费15亿美元获得NFL美国橄榄球联盟比赛的独播权；西班牙电信花费6亿欧元获得西甲联赛的独播权。

高清视频和超高清视频也是提升视频内容吸引力的一个方向。AT&T在2016年4月初联手哥伦比亚广播公司（CBS）推出4K视频高尔夫大师锦标赛，该比赛的成功播出让DirecTV成为美国首家收费4K电视提供商。受此鼓舞，DirecTV开始尝试提供美国职业棒球联盟（MLB）25支球队的4K比赛，在2016年4月中旬尝试了第一次全网播放，加快推进用户向4K高清视频的迁移。另外，EE、Orange、Verizon、BT、新加坡电信、澳大利亚等电信运营商也提供高清/超高清视频内容。

最后，提升操作界面的友好性和功能多样性，可以助力用户规模拓展。例如，具有领先的视频搜索能力，AT&T、德国电信和西班牙电信的视频业务支持语音搜索，EE等电信运营商的视频业务支持跨网视频搜索，并对视频浏览状态进行标注；具有个性化内容推荐能力，澳大利亚电信、新加坡电信等通过对用户行为的大数据分析，可以为用户精准推荐其感兴趣的内容；操作界面具备社交功能和多屏互动功能，AT&T、EE、新加坡电信等电信运营商的付费电视业务均配有手机/平板电脑/电脑 TV App，并且操作界面均具有多屏互动、远程控制和社交功能，详见表 3-1。

表 3-1 国际电信运营商视频业务的操作界面功能[15]

运营商	个性化推荐	TV App	多频互动	语音识别	手机 - 远程控制	社交
AT&T	是	是	是	是	是	是
Verizon	是	是	是	否	是	是
BT	是	是	是	否	是	是
Orange	是	是	是	是	是	是
Singtel	是	是	是	是	是	是
Telstra	是	是	是	否	是	是

③ 核心能力构建

传输网络资源、播控技术和内容资源是电信运营商布局视频内容业务必须具备的核心能力，而资本运作和战略合作是全球领先电信运营商打造视频内容核心能力的关键手段。

在内容资源方面，AT&T 选择资本运作，其在 2014 年 5 月斥资 485 亿美元收购美国最大卫星电视运营商 DirecTV，获得其 2000 个数字视频和音频频道以及其经营 20 多年的媒体合作关系。在 2016 年 10 月，AT&T 宣布同意以每股 107.50 美元收购时代华纳，收购方式为股票加现金，二者各占一半，总金额为 854 亿美元，交易可能要到 2017 年年底才能完成。时代华纳的媒体业务包括美国有线电视新闻网（CNN）、TNT、HBO 频道和华纳兄弟（Warner Bros.）电影电视制作公司等。Verizon 也选择资本运作的方式，于 2016 年 4 月宣布收购 AwesomenessTV 24.5% 的股权，AwesomenessTV

注 15：数据来源为 Gartner《Market Trends: CSPs Seek to Establish Their Position in the Complex TV Value Chain》2015 年 11 月 30 日。

始于2012年，是YouTube原创内容的一部分。紧接着在2016年11月，Verizon与美国媒体巨头赫斯特集团成立的合资公司Verizon Hearst Media Partners（VHMP）收购了视频媒体公司Complex，该公司在过去两年内采用视频优先路径（video-first approach）获得了每月超过5 000万的访问用户和每月超过3亿次的观看量。而澳大利亚电信Telstra则选择战略合作，已经与Stan、Presto和Netflix等互联网视频音乐平台达成合作伙伴关系，其用户可以获得合作伙伴平台上的相关内容。

在播控技术方面，收购是国际电信运营商的核心手段。例如，AT&T 2016年6月底完成对Quickplay Media公司的收购。该公司是一家基于云计算的互联网视频服务商，主要业务是提供互联网视频分发管理解决方案，帮助用户优化视频服务体验，其用户包括AT&T U-verse、Verizon、贝尔（Bell）公司、Rogers通讯、三星以及HOOQ（SingTel、索尼影视、华纳兄弟合资公司）等。通过收购，DirecTV处理视频的实力迅速得到增强，未来，DirecTV Now、DirecTV Mobile和DirecTV Preview也将使用Quick Play提供的流媒体服务。

在网络资源方面，Vodafone 2013年收购德国最大有线电视公司Kabel Deustchland获得有线网络资源；AT&T 2015年收购DirecTV后，获得了12颗地球同步轨道卫星的资源；BT 2015年收购EE获得无线网络资源，目前其无线业务已经与其宽带业务、BT Sport APP服务形成良好的系统效应，2016年3～6月英国宽带市场净增长95 000户，BT占其中的79%，BT的付费移动用户净增长24.4万户，EE用户流失率降至历史最低；沃达丰宣布新西兰公司与当地有线电视供应商Sky合并，成立新西兰最大的电信媒体集团，为新西兰消费者提供电视节目、宽带和电话融合服务，其中沃达丰持股51% Orange在2016年11月宣布收购了摩尔多瓦（东南欧国家）的领先付费电视提供商太阳电信100%的股份，Orange获得了其摩尔多瓦有线电视传输网络。

3．我国电信运营商在视频领域的发展机遇与挑战

（1）机遇

在网络视频领域，我国电信运营商面临三大机遇，视频驱动移动数据流量规模增长、三网融合政策环境趋向成熟、网络视频市场快速发展。未来，我国电信运营商将享受到整个网络视频市场发展所带来的红利。

① 视频是未来移动流量规模增长的核心驱动力

视频是管道中的核心流量，也是未来数据流量规模增长的核心驱动力。根据思科的数据，2015 年视频流量在所有数据流量中占 54%，到 2020 年视频流量占比将达到四分之三，平均年增长率将达 63%。

我国与世界其他地区情况相似，目前视频已占到所有移动数据流量的一半以上。而且，未来几年在视频的驱动下，我国的移动数据规模年均复合增速预计为 80% 左右，超过全球平均水平，预计到 2020 年年底，我国的移动数据规模将赶上美国和韩国，如图 3-2 所示。

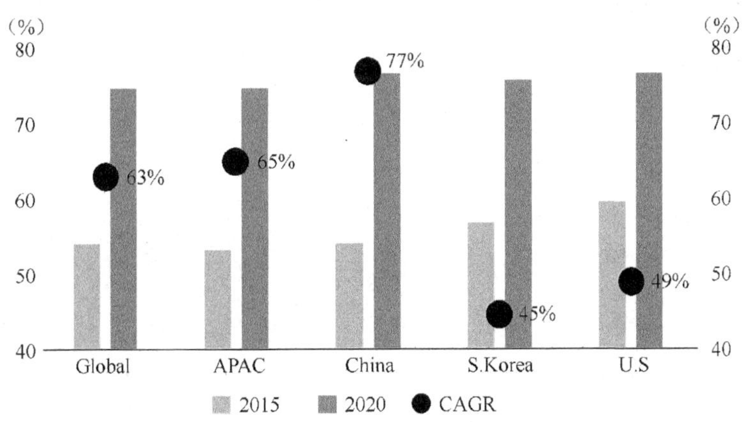

图 3-2　我国视频在总移动数据中的比例[16]

注 16：数据来源为思科。

② 国家顶层推动，三网融合进入实质推进阶段

在技术和市场需求的推动下，“三网融合”进入人们的视线，所谓的“三网融合”是指“电信网、广播电视网、互联网在向宽带通信网、数字电视网、下一代互联网演进过程中，三大网络通过技术改造，其技术功能趋于一致，业务范围趋于相同，网络互联互通、资源共享，能为用户提供语音、数据和广播电视等多种服务。”[17]也就是说，“三网融合”不仅是技术和物理层面的融合，还涉及业务、终端和行业主体层面的融合。三网融合前后业态比较如图 3-3 所示。

在我国，广电网、电信网、互联网分属不同的监管机构，因此，“三网融合”背后是电信、广电横向部门职责分配的矛盾，中央和地方纵向集权分权的矛盾，以及事业单位与企业单位深层次属性区分的矛盾，不断挑战着我国信息通信行业监管体系和行业主体结构。

但是“三网融合”始终得到国家顶层的推动：从 2001 年我国“十五”规划第一次明确提出“促进电信、电视、互联网三网融合”；到 2007 年广电总局发布《互联网视听节目服务管理规定》，明确从事互联网视听节目服务，必须获得广播电影电视主管部门颁发的《信息网络传播视听节目许可证》；到 2010 年国务院总理温家宝在国务院常务会议上提出“加快推进电信网、广播电视网和互联网三网融合”，随后三网融合首批试点城市和方案公布；再到 2015 年国务院印发《三网融合推广方案》，明确广电、电信业务双向进入标准，广电企业、中国广播电视网络有限公司、电信企业的操作空间，以及国家和省级电信、广电行业主管部门的职责分工。我国互联网视频、互联网电视业务的进入方式、进入标准逐步明确，标志着我国“三网融合”进入实质性推

注 17：数据来源为百度百科。

		实体	技术	业务	市场状况	监管
三网融合前	广电网	以中央电视台为代表的广播电视传播载体，歌华有线等各地有线电视运营商	多为单向传输的网络	广播电视节目生产制作和传输	近乎封闭，进入门槛高	新闻出版广电总局为主
	电信网	以中国移动、中国联通、中国电信三大运营商为代表的电信运营实体	双向传输	基础电信业务、增值电信业务	国资为主，外资与民资可以参与增值电信服务	工业和信息化部、国资委
	互联网	网站数已经达到323万个，其中绝大多数为民营企业	依附运营商网络，主要面向用户提供业务应用	开放性决定了多样化，互联网业务应用内容百花齐放	开放市场，优胜劣汰，欣欣向荣	根据业务内容不同分属不同监管部门
三网融合 基于 TCP/IP						
三网融合后	网络统筹规划、共建共享	实体本身可能会因优胜劣汰而自然变化	有线电视网络数字化和双向化升级改造，提高业务承载和支撑能力。电信宽带网络建设，推进城镇光纤到户，扩大农村地区宽带网络覆盖范围	广电和电信运营商可以进入对方的领域	移动多媒体广播电视、手机电视、数字电视宽带上网等业务将更发达，将可能按照国家统一标准发展相关业务	基本建立适应三网融合的体制机制和职责清晰、协调顺畅、决策科学、管理高效的新型监管体系

图 3-3　三网融合前后业态比较 [18]

注 18：数据来源为高科技行业综合门户。

进阶段。

因此，目前关于网络视频的监管体系可以根据监管对象分为两部分：一是针对“互联网视频”的，此部分监管相对成熟，根据《互联网视听节目服务管理规定》，提供互联网视频服务的机构必须获得《互联网视听节目服务许可证》，根据新闻出版广电总局最新公布的名单，截至 2016 年 5 月 31 日，共有包括电视台、电信运营商、互联网公司等在内的 588 家企业持有该许可证（牌照）；二是针对“互联网电视”的，此部分处于逐步成熟、细化的阶段，根据《三网融合推广方案》，提供电视视频内容、集成播控、传输服务的机构必须获得相应的许可证，根据新闻出版广电总局最新公布的名单，目前已有多家广播电台、电视台获得 IPTV、互联网电视、手机电视内容服务许可证或集成播控服务许可证。网络视频业务许可持证机构名单详见表 3-2。

表 3-2 网络视频业务许可持证机构名单[19]

服务范围		需要获得的许可证	许可证持有机构（截至 2016 年 12 月）
互联网视频		《互联网视听节目服务许可证》	共 588 家： • 中央电视台 • 新华通讯社 • 中国电信集团公司 • 中国联合网络通信集团公司 • 中国移动集团公司 • 乐视网信息技术（北京）股份有限公司 • 北京爱奇艺科技有限公司 • 华数传媒网络有限公司 • 湖南广播电视台 ……
电视视频			
IPTV	集成服务	《IPTV 集成播控服务许可证》	中央电视台
	内容服务	《IPTV 内容服务许可证》	中央电视台、上海广播电视台

注 19：根据新闻出版广电总局官网公布持证机构名单整理。

续表

<table>
<tr><th colspan="2">服务范围</th><th>需要获得的许可证</th><th>许可证持有机构（截至2016年12月）</th></tr>
<tr><td rowspan="2">互联网电视</td><td>集成服务</td><td>《互联网电视集成服务许可证》</td><td>共7家：
• 中国网络电视台
• 上海广播电视台
• 浙江电视台和杭州市广播电视台（联合开办）
• 广东广播电视台
• 湖南广播电视台
• 中国国际广播电台
• 中央人民广播电台</td></tr>
<tr><td>内容服务</td><td>《互联网电视内容服务许可证》</td><td>共15家：
• 中国网络电视台
• 上海广播电视台
• 浙江电视台和杭州市广播电视台（联合开办）
• 广东广播电视台
• 湖南广播电视台
• 中国国际广播电台
• 中央人民广播电台
• 江苏电视台
• 国家新闻出版广电总局电影卫星频道节目制作中心
• 湖北广播电视台
• 城市联合网络电视台
• 山东电视台
• 北京广播电视台
• 云南广播电视台
• 重庆网络广播电视台</td></tr>
<tr><td>手机电视</td><td>集成服务</td><td>《移动通信网手机电视集成播控服务许可证》</td><td>共6家：
• 中央电视台
• 中央人民广播电台
• 杭州市广播电视台
• 上海广播电视台
• 辽宁广播电视台
• 中国国际广播电台</td></tr>
</table>

③ 网络视频产业链趋向成熟，市场进入快速发展阶段

经过十多年的发展，我国网络视频产业整体趋向成熟，市场进入快速发展阶段，具体表现在以下三个方面。

第一，网络视频成为我国互联网用户的核心需求之一，用户规模持续增长。根据CNNIC公布的数据，我国视频用户规模2015年达到5亿，2011～2015年年均复合增速达到9%，目前视频的用户使用率为73.2%，仅次于即时通信、搜索引擎和网络新闻，如图3-4所示。

第二，用户付费行为已形成，网络视频业务商业模式多元化。2015年，随着内容体验模式的创新、支付技术的成熟和版权保护技术的进步以及各大

主流视频网站的力推，付费用户数量实现爆发性增长。根据艾瑞咨询数据，2015 年我国付费用户规模预计达到 2 884.1 万人，同比增幅高达 264.1%，预计 2018 年付费用户规模占比将达到 20.8%，总业务收入占比达到 17%。而广告仍旧是互联网视频业务的主要业务收入来源，根据艾瑞咨询数据，2015 年我国互联网视频广告的市场规模为 231.9 亿元，同比增长 52.7%，未来三年广告将保持较为平稳的增长态势，预计到 2018 年，广告的总业务收入占比为 50% 左右。另外，随着互联网电视增值服务的不断创新，游戏、教育和智能家居等增值服务收入将成为网络视频服务货币化的重要方向。

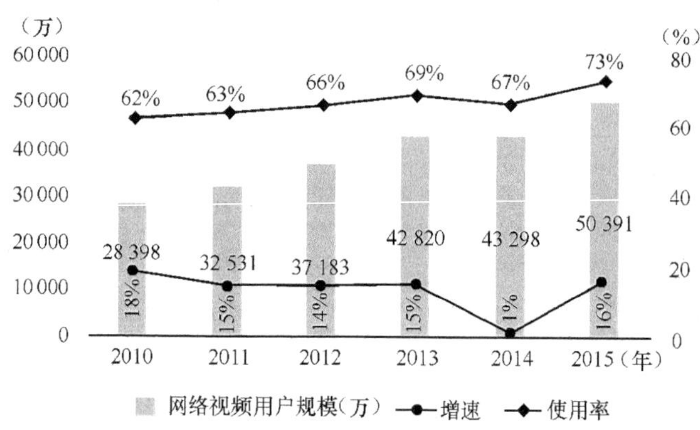

图 3-4　2010 ～ 2015 年我国网络视频用户规模及使用率[20]

第三，视频内容制作环节成熟，互联网成为重要的分销渠道。在用户需求和视频网站的推动下，网络视频不仅在内容规模上快速增长、内容形式上不断丰富，而且网络独播、先于电视台播放等视频内容层出不穷，互联网成为不依赖于电视台的独立分销渠道。根据艺恩视频智库统计，自 2016 年前三季度，优酷土豆、爱奇艺、腾讯、乐视、搜狐和芒果六大主要视频网站独播的内地电视剧和网络剧共计 161 部，其中电视剧 54 部，网络剧 107 部，腾讯、爱奇艺分别以 51 部、49 部的数量领先于其他网站。

注 20：数据来源为 CNNIC。

（2）挑战

① 互联网电视领域，电信运营商操作空间有限

在当前的监管政策下，电信运营商提供互联网视频服务和提供电视视频服务的定位有所不同。在互联网电视领域，电信运营商已经获得相应的牌照，可以提供内容、集成和分发服务。

而在视频电视领域，根据国务院办公厅 2015 年 8 月印发的《三网融合推广方案》，电信运营商可以从事除时政类节目之外的广播电视节目生产制作、互联网视听节目信号传输、转播时政类新闻视听节目服务、除广播电台电视台形态以外的公共互联网视听节目服务、交互式网络电视 (IPTV) 传输、手机电视分发服务。也就是说在电视视频服务价值链中，电信运营商核心价值在于传输服务，难以通过整合视频内容与第三方应用获得更多的价值。缺乏差异化经营路径必然导致同质化低价竞争，网络传输价值低值化在有线网络领域也将再次出现。

② 行业主体向全产业链深化，电信运营商的价值空间被挤占

在互联网电视领域，随着监管政策的不断完善，互联网电视产业链正逐步形成了内容提供商、集成业务牌照商、网络运营商、输出终端、用户、IT 服务商六大环节，如图 3-5 所示。

在互联网电视整个产业链中，集成业务牌照商具有核心话语权，网络运营商、终端设备生产商、传统家电生产商、互联网视频平台提供商、互联网公司等主体均可以采用与之合作的方式，布局互联网电视领域，共同分享互联网电视传输播控层面的价值。例如，以乐视为代表的互联网视频平台提供商，与七大互联网电视集成牌照商之一的中国国际广播电视网络台（CIBN）合作，推出互联网电视盒子，并与传统企业推出乐视电视，以此跨界布局互联网电视领域。目前，阿里巴巴、百度等互联网公司，小米、华为等设备生产商，以及创维等传统家电生产商，均与互联网电视集成牌照商（IPTV 集

成牌照商）合作，布局互联网电视领域。因此，电信运营商就与布局互联网电视领域的终端设备生产商、传统家电生产商、互联网视频平台提供商、互联网公司等主体，形成了相互替代的竞争关系。

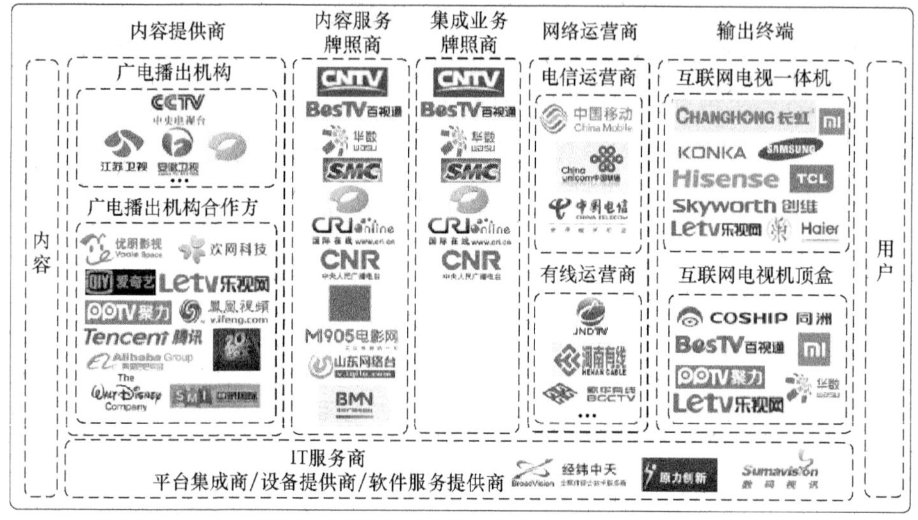

图 3-5　我国互联网电视产业链[21]

而且，单就我国电信运营商核心竞争优势所在的管道层面，国网公司也已经获得基础电信牌照，与三大电信运营商的关系也从“间接替代”升级为“直接竞争”关系，与电信运营商共享管道层面的价值。

③ 传统经营思路和组织体系亟待突破

利用用户对视频内容的普遍需求，提升流量规模，是全球领先电信运营商进行流量经营的核心手段。但目前我国的电信运营商仍未推出流量 + 多家视频的捆绑套餐，或区分视频流量与普通流量的套餐，其主要原因是我国电信运营商的流量业务主要采用分省运营的模式，与互联网视频网站的全网诉求存在差异，双方合作关系无法建立。

注 21：数据来源为艾瑞咨询。

另外，在互联网视频领域，三大电信运营商已经部署多年，但与互联网公司形成直接竞争关系，目前从用户规模和活跃度来看，我国电信运营商的产品处于第三梯队，仍处于竞争的劣势状态，2015 年度视频类应用平均活跃用户数 TOP20 如图 3-6 所示。其主要原因主要是在布局初期，在传统组织体系下，以传统经营模式经营，与互联网平台化经营模式差距较大，错过了网络视频业务发展的最佳时期。目前，尽管电信运营商开始尝试独立运营，并开始转向互联网平台化经营模式，但在资本运作、组织机制改革方面在某种程度上仍受到国有企业体制的限制。

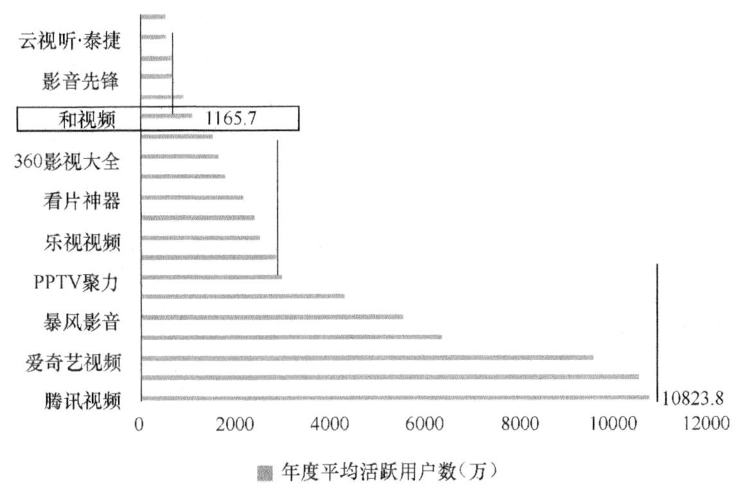

图 3-6　2015 年度视频类应用平均活跃用户数 TOP20[22]

（3）建议

借鉴全球领先电信运营商的发展经验，视频内容业务对电信运营商的战略意义凸显，建议我国电信运营商加快布局网络电视业务和互联网视频业务，拓展流量经营、固网与网络电视以及广告价值。

一是突破传统思维，推动视频流量协同。借鉴全球领先电信运营商的经

注 22：数据来源为易观智库。

验，借助用户对视频内容的强需求，与第三方视频合作，推出融合套餐，或提升公司流量差异化计费能力，推出包月、包天的视频专属大流量套餐包，通过资费有效释放用户的流量需求。

二是加快网络升级，创新合作模式。加快推进全业务网络规模和质量升级，建立端到端的网络电视业务质量监控体系，提升用户感知，加快用户规模拓展；与此同时，创新与网络电视集成牌照商的合作模式，努力拓展价值空间。

三是推进企业改革，深化互联网模式转型。深化互联网公司独立运营，积极探索现代化企业的管理制度，建立与互联网视频业务发展相适应的组织机构和机制流程；同时，重点把握商业模式、核心能力和用户规模拓展，提升市场竞争力。

政府可以通过营造良好的产业环境，鼓励、引导和支撑我国电信运营商布局视频内容领域。

一方面，深化电信领域国企改革。鼓励电信运营商通过资本运作的方式进入相关领域，快速补齐能力短板，形成规模优势，有效布局视频这个新的业务收入增长点；鼓励电信运营商深化现代企业管理制度改革，提升企业经营效率。

另一方面，进一步完善协同监管机制，加强部际协同，在把握内容源头的同时，给予电信运营商更多的操作空间，有序促进 IPTV、OTT 视频、移动视频等三网融合业务的健康发展。

3.2.2 终端

终端作为万物互联时代的触点和界面，随着技术的不断进步、政策的推进和市场需求的扩展，国内智能终端拥有更大的发展空间。终端的内涵和外延也在快速扩展，其形态不再仅限于智能手机，例如：面向家庭的有智能电视、盒子、家庭网关等；面向垂直行业的有车联网配套产品（车载后视镜等）、4G 模组等；面向个人市场的有智能手表、手环等可穿戴产品等。

1．我国终端市场发展迅速

我国作为终端生产和消费大国，终端产业的发展近年来受到了国家相关主管部门的积极支持和鼓励。国内移动通信技术随着 4G 技术的普及，5G 技术的兴起，将带动终端市场新一轮的爆发式增长。

2009 年，国内的智能终端渗透率仅为 10%，但在智能终端出货量增加和价格不断走低的带动下，国内智能终端渗透率在 2016 年达到 21%。未来，在三网互联互通后，终端设备制造商未来十年的市场规模有望达到 1 万亿元以上。主要智能终端产品十年增速曲线如图 3-7 所示。

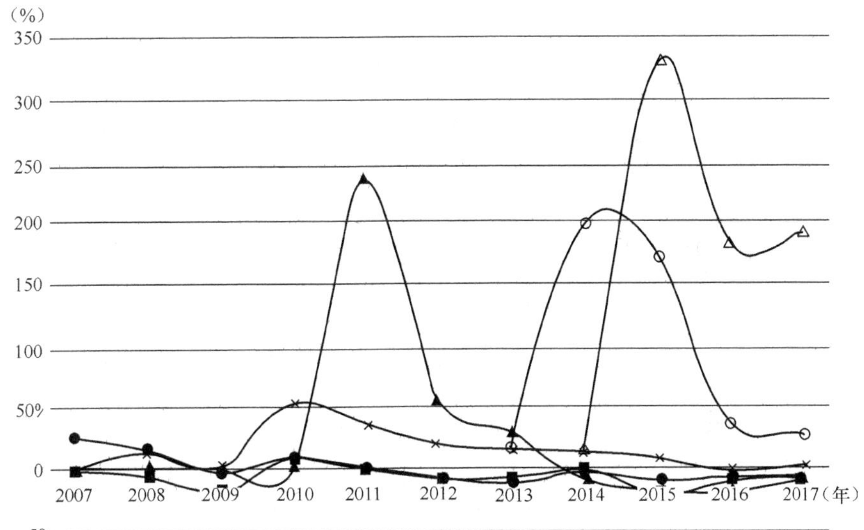

图 3-7　主要智能终端产品十年增速曲线

2015 年，桌面 PC、笔记本电脑和平板电脑的跌幅分别为 -18%、-10%

和 -17%；智能手机出货增速持续减缓至个位数水平 9%；可穿戴设备增长 172%，AR/VR 强势起步。2016 年，智能手机出资增速首次面临“0”增长，后期与桌面 PC、笔记本电脑和平板电脑等产品趋同，平板电脑的跌幅为 17% 左右。新型产品起步，VR/AR 仍在起步期，今明两年年复合增速在 180% 左右；手表、手环类可穿戴设备连续两年翻番后，增幅回落至 38% 左右。

全球成熟移动智能终端出货量增速明显放缓，市场整体趋于饱和。2016 年上半年，全球智能手机出货量为 6.8 亿部，同比增幅仅为 0.2%，全球平板电脑出货量为 7830 万台，同比下滑 13.4%。智能穿戴设备热炒接近尾声，产品形态开始稳定，手表比例显著提高（儿童 / 老人）。2015 年，全球智能家居市场规模达到 680 亿美元，中国智能家居市场规模超过 400 亿元人民币，预计未来全球市场复合增长率超过 10%。虚拟现实产品初步商用，当前绝大部分 VR 设备的性能处于入门体验阶段。2016 年盒子类产品引爆行业增长，VR 设备全年出货量约为 900 万部。

2. 智能终端对电信运营商转型的重要意义

终端是信息化发展中承载服务、连接用户的重要载体，也是数字化连接的入口、用户体验平台和流量消耗的利器，掌控终端对电信运营商而言是意义非凡的。

终端销售分为线上、社会和电信运营商渠道等。在终端补贴的驱动下，电信运营商渠道此前占据国内终端销售的主体。随着终端补贴下降以及互联网渠道的崛起，电信运营商渠道比例不断下降。在 2016 年采用灵活的终端策略之后，电信运营商渠道的终端占比得到提升，价值回归，其中 4G、4G+、VoLTE、CA 等终端销量占比继续提升，GSM、CDMA、WCDMA 等 2G、3G 占比持续下降。

此外，电信运营商需要通过终端拉动移动业务，提升用户 ARPU 值和流量的使用，适配网络的快速演进（如 VoLTE）。2016 年，三大电信运营商终端发展策略针锋相对，竞争的意味浓厚，但各有侧重，打造差异化竞争优势。2016 年上半年，我国电信运营商行业终端销量达到约 1.94 亿部，中国电信销售 5130 万部，在终端市场份额占据 26.4%，同比提升 1.4%。中国移动持续推进 4G、家庭宽带和物联网发展，以全网皆通、品质更佳为目标，全力打造 4G+ 手机，推动 VoLTE、CA 成为终端标配。中国联通提出 2016 年终端销售目标为 1.5 亿部，为实现这一目标推出三大终端策略，即开放定制、统一供应和连锁经营。

智能通信终端发展的一个最大动力就是增值业务的运营驱动。电信运营商应更加注重继承核心能力，加快自有终端的迭代速度，同时，把自己的核心业务、核心能力集成到终端里，不断创新，提升终端产品的附加值，积极推动其向高端、智能、专业化的方向发展。未来的智能终端相当于个人信息服务中心，将在物联网和云计算中充当重要的角色。电信运营商需加强终端和网络、业务、用户的匹配精度，创新营销模式，深入探索拓展新的业务模式，通过收购、自建、与合作伙伴合作等方式，做大规模，提升价值。

3.2.3 IDC/ 云计算

1. 我国 IDC/ 云计算市场发展迅速

互联网数据规模的爆发式增长带动 IDC 业务商业价值的快速增长，移动化将互联网内容服务从 PC 端向手机等智能终端迁移，互联网内容提供商（ICP）和服务提供商（ISP）拥有强大的进驻意愿。2015 年，我国 IDC 市场规模达到 518 亿元，增速超过 39%，其中服务器托管与租用等基础业务仍是 IDC 市场业务结构主体。2015 年我国 IDC 市场业务结构如图 3-8 所示。

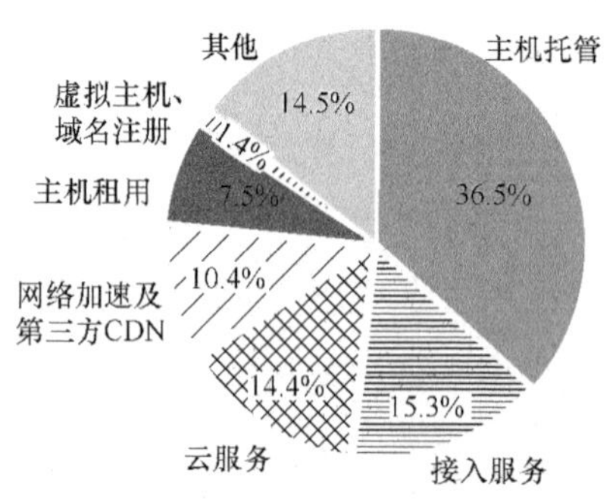

图 3-8　2015 年我国 IDC 市场业务结构

2016 年，我国 IDC 市场总规模达到 728.7 亿元，同比增长近 40.4%，电信运营商凭借重资产优势和网络资源优势所占份额过半。据预测，未来几年随着云计算和大数据的快速发展，以及消费互联网和产业互联网的蓬勃发展，IDC 市场增速将稳定在 30% 以上，到 2018 年，我国 IDC 市场规模将超过 1400 亿元，到 2020 年将超过 2200 亿元，IDC 对电信行业收入的增长贡献预计高达 43%。我国 IDC 市场规模增长趋势如图 3-9 所示。在此基础上，我国电信运营商也已经由基础设施层面开始向云计算服务领域延伸。

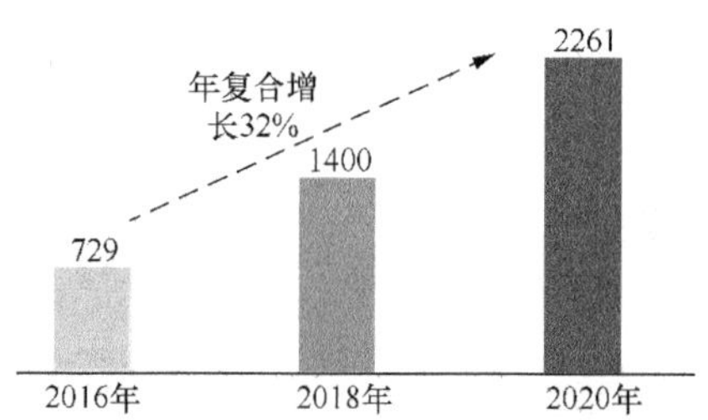

图 3-9　我国 IDC 市场规模增长趋势（单位：亿元）

国务院和中央网信办先后发布了多个文件促进云计算产业发展，提出以公共服务和政务投入带动产业发展，鼓励云计算服务与传统产业相结合，加强对云服务安全管理的关注和审查。2016 年，我国云计算整体市场规模在 490 亿元左右，同比增长 30.4%。我国云计算市场总体规模如图 3-10 所示。

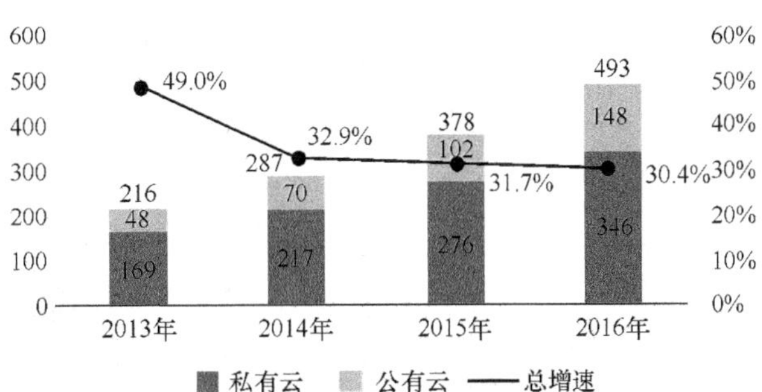

图 3-10　我国云计算市场总体规模（单位：亿元）

在私有云领域，硬件厂商是服务市场的主导者。根据中国信息通信研究院 2015 年的统计数据：私有云市场规模中硬件市场规模约 200 亿元，占比 72.6%；软件市场规模约 41.6 亿元，占比 15.1%；服务市场规模仅 33.9 亿元，占比约 12.3%。2015 年我国私有云细分市场占比如图 3-11 所示。大部分私有云用户一般通过设备厂商采购整体方案部署私有云，只有少部分企业采用单独采购和独立部署的方式。而且，大多数企业并没有把核心业务系统运行在私有云上，预计未来随着云计算服务安全性的增强和用户信任感的提升，企业应用将加速向私有云迁移。

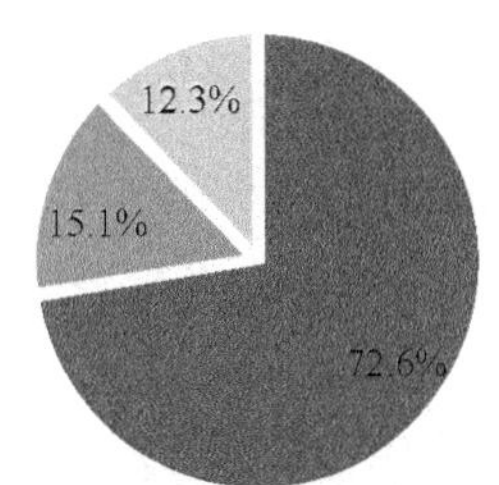

图 3-11　2015 年我国私有云细分市场占比

在公有云领域，SaaS 服务仍占据最大市场份额，IaaS 增长较快并可能后来居上。2015 年，SaaS 市场规模达到 55.3 亿元，远超过 IaaS 和 PaaS 市场的总和，增长率为 37.6%，与 2014 年的 15.2% 相比，增速提高。2015 年，

IaaS 市场规模达到 42 亿元，同比增长 60.3%。按发展趋势预计，未来 IaaS 市场规模将超过 SaaS 市场规模。我国公有云细分市场规模如图 3-12 所示。

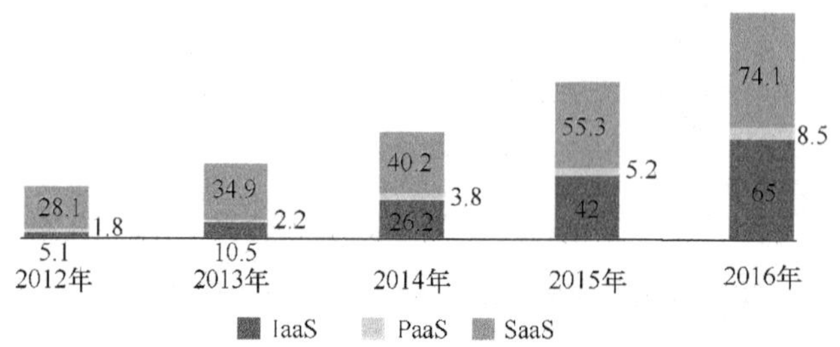

图 3-12　我国公有云细分市场规模（单位：亿元）

2. IDC/云计算是电信运营商战略转型的关键

IDC 作为视频内容资源的核心载体，是电信运营商实施全业务转型的关键；同时，IDC 作为核心基础资源，也是电信运营商提升客户感知降低疏导成本的关键抓手。

随着“互联网 +”等一系列产业政策的落地，以及消费互联网和产业互联网消费需求与供给能力的匹配对接，电子商务、网络视频、云计算、大数据和物联网等新业态开始进入快速发展的阶段。无论电信运营商开展数字家庭、政企信息化业务，还是内容和应用服务，IDC 作为连接层和应用层的信息枢纽都已经成为了数字服务的基础设施，是电信运营商网络重构、由“流量经营”向“数据经营”转型的关键一环，也是电信运营商由 CT 能力向 IT、DT 能力升级的必经之路。

此外，IDC 带来的间接价值也是不可被忽视的。虽然资费和单机架 ARPU 值较低导致 IDC 业务直接收入低，但间接效益是非常高的。IDC 是疏导流量最低成本的方式，也是提升用户感知、巩固集团用户市场、增强用户黏性的有效手段。

云计算业务对于电信运营商的价值同样不只在于提升收入，对电信运营商物联网拓展和数字化服务具有十分重要的意义。

随着“工业 4.0”“工业互联网”等新概念的出现，以物联网技术为基础，进行大量数据采集并实时或离线分析，已成为多个行业新的技术趋势。对 IoT 海量数据进行分析需要庞大的计算能力，这成为云计算与 IoT 相互结合的最大动力，对电信运营商来说，强化云计算业务能力成为布局物联网业务、提升物联网连接价值的基石。

云计算的应用正在从游戏、电商、移动、社交等互联网行业向制造、政府、金融、交通、医疗健康等传统行业延伸，政府、金融行业成为主要的突破口。目前，山东、福建等多地的地方政府已经通过购买云服务的方式，承载内部非涉密部门的电子政务系统和信息化应用。电信运营商通过不断提升云计算能力，将为其拓展数字化服务奠定基础。

3. IDC/云计算市场竞争态势

在 2015 年中国 IDC 市场 518 亿元的规模中，电信运营商凭借重资产优势和网络资源优势仍处于行业中主导者位置，占比近 65%，如图 3-13 所示。其中，中国电信在三家电信运营商中占了 50% 以上。

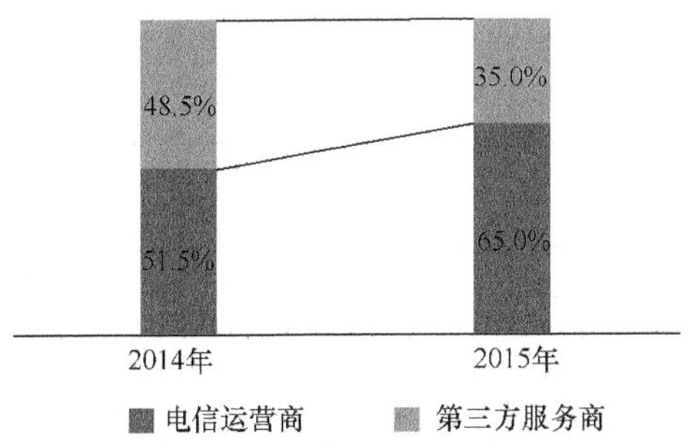

图 3-13　我国 IDC 市场电信运营商占主导地位

值得注意的是，虽然第三方服务商还基本处于依附地位，但凭借其在技术创新能力、产品创新能力和服务灵活性上的优势，正不断向电信运营商发起挑战，所占市场份额始终在三分之一以上。电信运营商面对日趋激烈的市场竞争，在继续发挥重资产优势的同时仍需加快 IDC 转型步伐。

在中国当前的云计算市场中，已形成全球 IT 巨头、国内互联网巨头、国内电信运营商的三足鼎立之势。亚马逊、微软、IBM 等全球 IT 巨头，凭借技术优势及品牌影响力，在中国云计算市场占有一席之地。百度、阿里、腾讯、金山等国内互联网巨头，凭借其互联网资源优势和长期 IT 能力积累，打造了良好的客户体验，并向企业级市场渗透。

基于强大的基础设施和政企客户资源，以及遍及全国各级市场的运营体系，移动、电信、联通三大电信运营商先后推出各自云计算品牌，强势进入我国云计算市场，尤其在侧重于基础设施服务的 IaaS 市场具有一定的市场份额优势，但云服务整体能力较国内外领军企业仍有较大差距。2015 年我国 IaaS 市场 TOP10 提供商市场份额如图 3-14 所示。

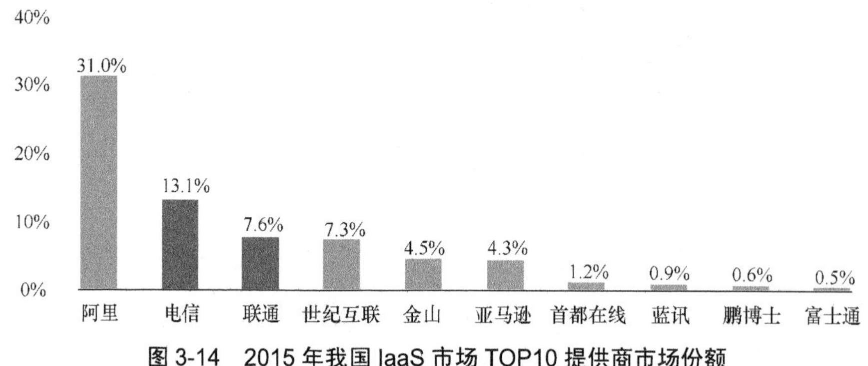

图 3-14　2015 年我国 IaaS 市场 TOP10 提供商市场份额

3.2.4　大数据

人类进入信息化和数字化时代，数据正在成为推动生产力发展的核心资源。电信企业拥有丰富的数据资源，在数据存储、传输和管理等数据基础设施建设领域，具有显著优势。电信大数据的应用发展，既是“互联网 +”战略落地和信息经济转型的支撑动力，也是电信企业转型发展的重要方向。

1. 国内外电信企业的大数据发展现状

（1）国际电信运营商布局早，市场发展成熟，以位置服务为突破点，大数据业务已进入快速发展期。

2011 ~ 2012 年，国际电信运营商开始布局大数据业务，通过打造大数据应用平台，实现在多个垂直应用领域的数据价值变现。经过近 5 年的发展，国际电信运营商的大数据运营能力已逐渐成熟，大数据应用市场正处于快速发展期。

大数据业务的专业化和独立化发展。国际电信运营商成立专门的大数据业务发展部门或公司，通过独立化和专业化运营，促进大数据业务发展。如西班牙电信率先成立名为“动态洞察”的大数据业务部门；美国 Verizon 成立了基于大数据分析的精准营销部门 Precision Marketing Division ；新西兰电信宣布成立独立的大数据子公司 Qrious。

以位置服务为突破点，聚焦精准营销等热点应用领域。国际电信运营商以位置服务为突破点，实现位置数据在精准营销、交通管理等多个垂直应用领域的价值变现。如 AT&T 为星巴克提供用户位置信息，预判星巴克门店附近用户的消费行为，帮助其实现精准营销；NTT Docomo 与医疗设备生产商欧姆龙公司合作，通过数据交互分析，为目标用户推送最新的健康建议和产品信息。

基于数据资源优势的数据源供应和平台化运营是主要的发展模式。如德国电信开发基于大数据的智能网络系统，将数据进行安全处理后，有偿地提供给政企用户；西班牙电信与市场数据分析机构 GFK 合作，打造“智慧足迹”动态数据洞察分析平台，为企业提供客流分析和零售选址服务；韩国电信打造 “智慧首尔”公共信息网络平台，涵盖 33 个数据库、880 个数据集，提供公共服务数据支撑。

（2）国内电信运营商起步晚，市场仍有待培育，但资源投入增长迅速，正处于大数据基础能力的快速提升期。

2014 年开始，国内电信运营商明确将大数据业务定位于公司转型与创新发展的重要战略方向，经过近两年的发展，国内电信运营商已经完成大数据基础能力的初步构建，大数据应用项目全面展开，电信大数据应用市场正在形成。

大数据能力平台初步构建，数据基础能力建设投入持续增长。截至 2016 年年底，中国移动已有北京、广州、襄阳三个云数据中心正式上线运营，数据中心全网机柜突破 10 万架；中国电信已建成 330 多个数据中心，为上千家企业提供 IDC 数据云存储和管理服务。2016 年 3 月，中国联通发布大数据平台建设的三年规划，预计 2017 年将达到 6 000 个数据中心节点，数据存储容量为 220PB。

金融征信和精准营销成为重点应用领域。我国金融征信产品较为单一，且个人征信覆盖率较低，这为电信运营商发展基于电信大数据的征信服务创造了条件。中国电信旗下“天翼征信有限公司”已获得央行发布的企业征信牌照。同时，基于位置的精准营销服务也是电信运营商发展大数据应用的重点领域，如中国移动江苏公司打造“智慧洞察”对外数据服务平台，为政企用户提供商业选址、客流分析等服务。

数据源供应和数据基础设施出租服务仍是主要变现模式，大数据分析能力不足，核心应用仍较为缺乏。如在 IDC 数据存储服务领域，三大电信运营商共同占据超过 60% 的市场份额[23]。然而，在大数据产业最核心的应用开发领域中，受限于自身大数据分析能力和研发水平的不足，国内电信运营商仍缺乏有竞争力的大数据产品，在大数据产业链中处于劣势地位。

2. 电信企业的大数据转型发展机遇

（1）电信大数据跨领域应用价值突出，对于实践“互联网 +”战略，推动传统经济的信息化转型，具有重要作用。

注 23：数据来源为《2016—2022 年中国 IDC 行业市场运营态势报告》。

一方面，电信企业自身拥有数亿规模的实名认证用户，在数据规模、数据多样性、数据实时性、数据真实性等方面拥有独特的优势；另一方面，电信网络是信息化社会的基础支撑，承载大量社会经济活动信息，电信大数据跨行业、跨领域的外部应用价值突出，其应用发展能够有力支撑传统经济的信息化转型，促进“互联网 +”战略的落地实施。

（2）物联网发展强化电信企业数据规模优势，“云化”数据中心建设奠定电信运营商的大数据产业支撑地位。

物联网发展扩大了电信大数据的覆盖范围，据 Gartner 统计，2016 年全球可连网设备达到 64 亿件的规模，“万物互联”带来电信企业在数据规模和应用价值两方面的新飞跃。同时，通过传统 IDC 数据中心的“云化”升级，电信企业已经逐步实现数据存储管理的对外输出服务能力，进一步强化了自身在大数据产业的基础支撑地位。

（3）“电信级”标准化安全管理体系，为大数据发展提供强有力的安全保障基础。

电信企业在业务管控、网络保障、用户信息安全等方面具有丰富的经验。目前，我国电信运营商在数据获取、存储、处理、管理、交易等多个环节，已经制定了明确的大数据安全使用规范。对广大政企用户而言，具有国资背景和安全保障基础优势的电信运营商，是进行大数据应用合作的最佳选择。

（4）转型关键期，电信企业对发展大数据的战略性意义达成共识，布局大数据成为全球电信运营商的共同选择。

面对收入增速下滑，企业净利润率持续走低的发展困境，布局大数据业务，实现数据价值变现，拓展新型收入渠道，强化数字服务能力，成为全球电信运营商共同的战略选择。早在 2013 年的市场调查已经显示，全球 120 家电信运营商中，已有 48% 的企业正在实施大数据战略[24]。国际领先的电

注 24：数据来源为电信与媒体市场调研公司 InformaTelecoms&Media。

信运营商已经在位置服务、广告营销、金融征信等多个领域实现数据价值变现。

3.3 物联网

3.3.1 物联网为电信业带来千亿元级发展新机遇

电信业在经历了语音时代、互联网时代之后正在向物联网时代迈进。在语音时代，电信业实现了人与人的连接；在互联网时代，电信业完成了人与机器的连接；而物联网将进一步扩展连接的范围，真正实现万物互联，为电信行业带来新的发展机遇。

物联网产业链包含设备层、连接层、平台层和应用层四个层级。根据中国信息通信研究院的预测，未来 10 年内，我国物联网产业规模将保持 20% 左右的增速，2020 年产业规模将达到 1.5 万亿元。麦肯锡预测，到 2025 年，各层的价值占比分别约为 21%、10%、34% 和 35%。由此可得，2020 年我国物联网产业设备层规模达 3 450 亿元，连接层规模达 1 500 亿元，平台层规模达 4 950 亿元，应用层规模达 5 250 亿元。可见，仅连接层就为电信运营商带来了总规模达千亿元级别的市场空间。物联网产业链价值分布情况如图 3-15 所示。

除连接层外，电信运营商还可在产业链展开纵向延伸，拓展价值空间。电信运营商处在物联网产业链中的网络层，在整个产业链中起承上启下的作用，相关业务边界也有交叉融合，这为电信运营商纵向延伸提供了有利的客观条件。

产业链环节	相关职责与主体	价值分布(%) 2025	产业规模(亿美元) 2025	CAGR(%) 2015—2025
整合应用层	• 主体：系统集成商、物联网公司、电信运营商 • 职责：提供垂直行业解决方案、整合服务	35	21 000	33
平台层	• 主体：系统集成商、设备商、电信运营商、物联网公司 • 职责：提供开发、网络、业务、设备管理平台	34	20 400	35
连接层	• 主体：运营商、通信设备制造商、物联网公司 • 职责：设备－机器－网络连接	10	6 000	33
设备层	• 主体：设备、芯片制造商 • 职责：研发、设计、制造所有可被连接的设备	21	126 000	31
	总计	100	60 000	33

图 3-15　物联网产业链价值分布情况

3.3.2　物联网热发展之下需要冷思考

各大研究机构纷纷公布对物联网规模的预测，尽管口径不一，但均能说明物联网是一个巨大的金矿，物联网再次被推倒了风口浪尖，成为行业的热点，但“热”的背后需要我们冷静地思考。

1．我国物联网产业仍未出培育期

我国物联网产业链已初具雏形，但总体来说发展尚不成熟，整体需要 5 ～ 10 年的时间进行培育。从设备层来看，目前呈现规模零散、盈利能力有限等问题，国内通信模块厂商较为成熟，有一定自主研发能力，但受制于规模零散，大多数厂商的盈利能力是非常有限的；国内终端传感器及芯片厂商处于起步阶段，盈利能力尚不稳定，技术水平低，多为代工。从网络层来看，目前主要由三大电信运营商主导，以 NB-IoT 为代表的新技术将被快速投入商用，但仍然存在很多问题：中国联通的 NB-IoT 将部署在 900MHz；中国电信部署在 800MHz；而中国移动则较为尴尬，目前 TDD LTE 系统不支持 NB-IoT 技术，而中国移动没有 FDD 牌照，目前只能在 GSM 900MHz 上重耕 NB-IoT。但由此最后形成的格局则是在中国的万物互联时代又将形成三张频段各异、各自为政的“局域物联网”，而且由于 NB-IoT 不支持电信运营商之间的漫游，所以这三张物联网还将各自割裂，彼此成为孤岛。从平台和应用层来看，尽管各类平台正如雨后春笋般兴起，但总体呈现规模小、分散、缺乏垂直行业应用等问题。总之，物联网生态尚未被建立，商业模式尚未清晰，仍然处在培育初期。

2. 电信运营商在物联网产业生态中属于跟随者

从整体实力来看，电信运营商属于物联网产业的跟随者。物联网不同层级所需的核心能力不同，而价值占比相对较高的应用层和感知层所需的核心能力与 IT 巨头以及互联网公司和设备厂商的核心能力相匹配，这些公司在 IoT 矩阵中处于领导者和助推者地位；而电信运营商的核心竞争力在于网络层，对技术的掌握和对行业的了解远远不足 IT 巨头和互联网公司，目前则处于市场跟随者地位。领先的物联网公司矩阵如图 3-16 所示。

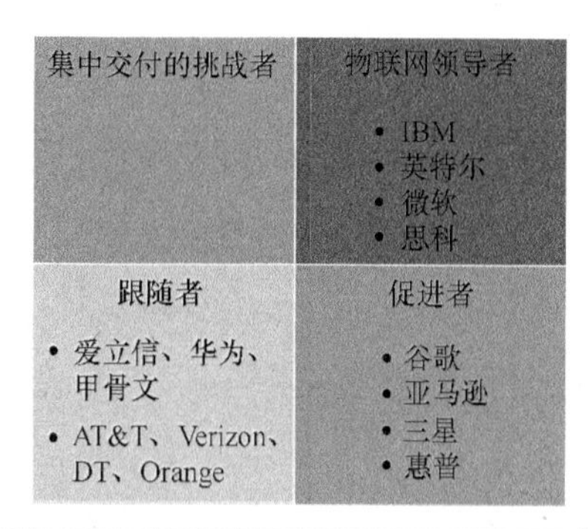

图 3-16 领先的物联网公司矩阵

3. 物—物通信不同于人—人通信

物联网业务在业务属性、网络覆盖、运营支撑、营销管理等多个方面与电信运营商以往面向人的传统业务较大差异，对运营和管理方面提出了较大的挑战。

首先，在业务属性方面，物联网单卡 ARPU 值较低，行业碎片化严重。尽管物联网的连接规模大，但单卡的 ARPU 值远低于个人通信的 ARPU 值（北京移动个人的 ARPU 值是物联网 ARPU 值的 15 倍），因此如何做大规模、如何提供基于卡之上的附加服务是需要电信运营商探索的。另外，物联网涉及社会生产生活的方方面面，应用场景众多，呈现行业碎片化特征，电信运营商想要获得卡以外的服务收入，需要对各行业有更加深入的了解，这与电信运营商所熟悉的规模化发展模式是存在一定差异的。

其次，在网络覆盖方面，物联网对网络的要求是无处不在的。电信运营商传统业务所连接的对象是人，因此网络覆盖人所活动的区域即可，而物联网所连接的对象是万物，因此即使在人迹罕至的区域，只要有物联网业务的需求，电信运营商的网络就需要提前覆盖，比如野外电力监控、地下水库监测等。因此，电信运营商需要在传统的网络技术之上，探索新的网络技术，从而支持不同业务场景发展的需要。

再次，在运营支撑方面，物物连接缺乏主观能动性，不能实现自服务。物联网的连接对象是具体的物品，一旦在服务过程中出现任何故障，物品不能像人一样报装、投诉或采取其他替代方式，因此电信运营商需要在基于连接之上，能够对连接、设备的状态进行及时跟踪，便于用户及时掌握物的状态。

最后，在营销管理方面，物联网业务更依赖于协同。一方面需要内部协同，物联网是一个跨大市场、家宽市场和集客市场的综合性业务，需要以这三大业务线条合作为牵引，带动前后端联动，才能真正带动物联网业务的顺利开展。另一方面需要与外部协同，物联网产品有 70% 是面向企业用户的，因此电信运营商需要充分发挥合作伙伴的价值，合作伙伴既是良好的业务伙伴，也是重要的营销渠道，充分发挥第三方渠道的作用，能够有助于快速带动物联网产品切入市场。

3.3.3 基于电信运营商视角的三类 IoT 应用场景

IoT 被广泛应用于各行各业，应用场景极为丰富，无法穷举。如果抛开行业的界限，从 IoT 应用的特性来看，未来基于广域网络的 IoT 应用场景主要会形成窄带海量应用场景、高带宽应用场景和关键应用场景三类。针对不同 IoT 场景的特性要求，电信运营商应制定不同的技术策略和市场策略进行满足。

1. 窄带海量应用场景

窄带海量应用场景主要是数据收集和监控类的物联网应用，例如抄表、环境监控、城市管网、资产管理、灾害监控、部分健康监控等。这类应用的主要特点包括以下五个方面：

（1）通信数据量少，以设备上传数据到平台的形式为主；

（2）通信次数少，有规律的低频次数据上传（抄表或定时状态报告）或基于事件触发的上传（告警）；

（3）设备数量大，分布范围广，有的时候需要一定的移动性，例如水环境监测、资产管理和人体健康监测；

（4）部署环境特殊，例如部署在竖井、通道、地下室和野外等，不容易维护；

（5）在移动网络的环境下，窄带海量应用场景适合使用 NB-IoT 及 eMTC 技术，以实现低功耗、免维护、低成本、大规模部署的要求，或其他类似非授权频段技术如 Sigfox，适合广泛的物联网络覆盖。在非移动连接情况下，则使用 ZigBee 等短距通信技术，再通过物联网网关连接到移动或固定广域网。

2. **高带宽应用场景**

高带宽应用场景主要包括移动视频监控、车载信息娱乐等，用于视频、音频和图片的传送，对带宽的要求高。

高带宽应用场景适合使用 LTE 以及 5G 技术，在非移动场景下可以使用基于固网宽带的 Wi-Fi、光纤等连接技术。

3. **关键应用场景**

关键应用场景指的是对可靠性、及时性要求非常高的场景，并且如果可靠性、及时性出现问题，将会导致严重的后果。例如大型工业装备的远程控制、远程驾驶、工业机器人远程控制等。关键应用场景对带宽的要求不定，有可能只使用很少带宽（设备控制），也有可能需要使用极大的带宽（通过虚拟现实的远程传送进行远程操作，例如远程大型工业机械操作以及远程手术）。关键应用场景需要 5G 网络满足其高可靠性、高实时性和高带宽的要求。

3.3.4 电信运营商加入物联网产业的四大路径

1. **建设复合型精品网络**

新连接为电信运营商带来最直接、最核心的发展机遇。从国际电信运营商的实践来看，尽管电信运营商在探索连接以外的价值空间，但连接仍然是电信运营商参与物联网的核心产品，连接收入也是物联网收入的核心来源。

做好连接的基础是要做好网络覆盖，而由于物—物通信不同于人—人通信，因此电信运营商需要从以满足人与人通信的移动网络服务为主，转型到支持多种通信技术的复合型全连接网络。基于LTE，NB-IoT结合eMTC，满足物联网通信场景对于广覆盖、低功耗、低成本、一定的移动性等方面的需求，并通过持续的网络建设和优化，提供最适合物联网行业用户要求的灵活网络通信支撑，并向5G演进，完整覆盖上述的几大类物联网场景需求，包括窄带海量应用场景、高带宽应用场景以及关键应用场景。

从国内外电信运营商发展的实际效果来看，M2M连接数占比逐年提升，成为拉动连接数增长的重要发力点。根据GSMA统计数据，截至2015年年底，国际电信运营商M2M连接数占总连接数的比重达4%～18%不等。AT&T的M2M连接数占比最高，达18.7%，年均提升2.5个百分点。从净增连接数占比来看，2015年年底，AT&T的M2M净增连接数占总净增连接数的比重接近80%。中国移动物联网发展领先竞争对手，截至2015年年底，物联网链接规模突破6 000万，占总连接数的比重超过6%。根据中国移动物联网发展规划，2016年实现链接规模突破1亿，占总连接数的比重提升4个百分点，达到10%。

2. 提供连接管理平台

企业用户对连接的需求不仅仅是连接能力本身还包括对连接的管理权限，这就要求电信运营商开放API接口，让企业用户接入连接管理平台，实现运营商的连接管理平台与企业用户的IT系统结合，让企业用户能够自主管理以前只有电信运营商掌握的管道运营的后台信息，包括卡号信息、开关机状态、账务信息资费信息、流量统计等。

根据各大电信运营商的实践经验来看，大部分的电信运营商一般采用完全独立和专用的物联网连接管理平台，包括专用的物联网核心网络系统，向企业用户提供与传统人与人通信服务完全不同的连接管理功能、流量套餐、计费规则、专用码号、专用 APN 以及为物联网场景所定制的业务流程，并以门户及 API 系统的方式提供企业使用。

连接管理平台建设模式包括自建与合作两种模式，基于行业用户的全球化统一连接管理需求，越来越多的电信运营商选择了与第三方合作的方式建立平台，自建平台的电信运营商趋于加入电信运营商联盟以战略合作的方式满足企业全球化物联网部署和统一管理的需求。采用第三方合作的通用连接管理平台的优势在于，企业用户可以使用同样的平台、同样的门户和同样的 API，对不同的电信运营商所提供的连接服务进行跨电信运营商跨国的全球化统一管理。由于全球化物联网连接管理服务的提供必然是跨电信运营商的，所以无法通过单一电信运营商的自有物联网连接管理平台实现，而电信运营商间的多对多平台整合难度极大，所以第三方通用物联网管理平台成为主流电信运营商倾向的合作选择。AT&T、NTT DOCOMO、Telefonica、KPN、O2、中国联通等电信运营商均选择与物联网平台服务提供商 Jasper 合作，提供连接管理平台服务。在中国，三家电信运营商中有两家选择合作模式。

3. 搭建使能开放型生态体系

物联网业务使能平台一般包括终端集成、协议适配、数据管理、安全连接、应用开发工具等物联网通用功能。物联网业务使能平台是水平平台，可以实现统一平台支撑多种不同物联网应用场景，管理跨行业多种物联网终端，因此，物联网使能平台成为整个物联网领域中数据聚合、能力聚合、资源聚合的核心。掌握物联网业务使能平台就成为掌握物联网生态系统话语权的关键。特别对于电信运营商而言，业务使能平台可以将其业务范围从广域固定网络和移动网络范畴扩展到其他物联网连接方式场景，进入更广阔的市场空间。

物联网业务使能平台与物联网连接管理平台有着本质的不同，主要体现在，物联网业务使能平台是物联网业务数据的处理枢纽，是物联网业务过程中的一环，而物联网连接管理平台不触及物联网业务数据，而是专注于对于连接管道的智能化管理。所以，两者在整体物联网框架中处于截然不同的定位，两者可以完全独立使用，也可以相互配合使用。

物联网业务使能平台的发展模式一般是分类收费模式，即采取部分免费、部分收费的发展模式，免费模式主要以聚集产业链合作伙伴、构建产业生态为主，收费模式实现平台盈利。AT&T 提供 M2X、Flow、Connection Kite 等平台，开放包括连接、存储、测试、认证等能力，在合作伙伴的产品处于开发、测试初期采取免费模式，在产品市场化阶段开始采取收费模式。OneNET 是中移物联网有限公司搭建的开放、共赢的设备云平台，为各种跨平台物联网应用、行业解决方案提供简便的云端接入、存储、计算和展现，快速打造物联网产品应用，降低开发成本。OneNET 平台对创客提供免费的数据存储、数据分析等服务，而平台上的其他功能则需要付费试用。

4. 拓展专业型行业服务

行业物联网应用和服务是物联网市场价值最大的模块，对物的连接本身并不会产生价值，对连接起来的物的应用才会产生价值。因此，以 Vodafone、DT 为代表的电信运营商则选择特定的垂直领域为切入点，向行业用户提供集硬件设备、软件 APP、系统解决方案、大数据处理分析等一揽子解决方案。专业型行业服务不仅需要电信运营商具备全球漫游的网络能力、强大的 IT 能力和软件开发能力，更需要具有很好的生态资源整合能力，以及配套的管理体系、销售体系、服务体系的调整与适配。主流电信运营商选择切入的垂直行业分布情况见表 3-3。

表 3-3 主流电信运营商拓展的行业服务

领域	AT&T	Verizon	德国电信	Orange	Vodafone	NTT DoCoMo
公共事业		★	★	★	★	
智能家居	★	★	★	★		
交通物流	★	★	★	★	★	★
工业制造	★		★	★		★
健康/可穿戴设备	★	★	★	★		★
智慧能源	★		★		★	★
智慧金融					★	
零售			★		★	
农业						★

从国外主流电信运营商选择的垂直行业来看，交通物流、健康/可穿戴设备、公共事业、智能家居等是重点行业。电信运营商切入垂直行业的方式有以下两种：

一是凭借技术优势切入。结合网络、连接管理服务平台和业务使能平台等技术优势，向有物联网业务场景构建需求的用户提供技术咨询、实施等服务，助力企业用户实现数字化转型。选择以技术优势切入，需要对自身技术储备和能力建设进行相应的投入，针对关键技术或自身能力短板，需要采取战略合作甚至收购、兼并等方式进行能力弥补。

二是凭借市场优势切入。基于既有行业和企业客户的合作关系，借助电信运营商品牌在政企市场的良好形象和强大影响力，选择重点行业领域，逐步实现从提供基础通信服务向物联网综合服务转变。

3.3.5 物联网的发展展望

多种技术融合带来新业态和新模式。物联网应用与云计算、大数据等技术密切相关，云计算为物联网提供了云化基础设施，大数据则将物联网和各类 IT 系统甚至社交网络所采集的信息通过聚合挖掘形成智慧化应用。此外，无人机可以拓宽行业智慧化应用的空域范畴，区块链技术可以协助实现更优化的数据管理、安全及服务交换功能，人工智能和深度学习可以推动物联网实现人与机器的协同共生。

这些技术的融合，也进一步催化了物联网跨界融合与集成创新的发展，形成业务和模式创新发展的驱动力。典型的应用就是车联网与个性化车险 UBI 的融合，其中 ADAS 车载终端为驾驶人员提供智能驾驶辅助功能，同时记录司机的驾驶行为，基于一定的驾驶行为模型评测得分，并提供数据给车险公司，以此为据制定个性化车险保费。

3.4 企业市场

在企业领域，与话音业务不同的是，企业用户将可以把数据流量嵌入到生产过程和产品之中，以加强企业管理，提升产品服务水平，创新产品形态，从而进一步提升企业的竞争力。因此，在个人市场受限于通信支出的天花板时，企业作为成本的支出是与收益挂钩的。因此，只要数据流量可以带来效益，对于企业来讲投入就是值得的。而这种投入是没有天花板的。通过企业市场，电信运营商可以分享到信息化所带来的效益增长。然而，企业市场与个人市场相似，也将经历一个替代的过程。当企业市场的替代过程发展到一定阶段，也会有一个触底反弹的过程。但从长远来看，电信运营商收入在企业市场的比例将不断上升。

3.4.1 全球企业市场正在经历触底复苏的阶段

受全球经济复苏缓慢和通信市场竞争日趋激烈的影响，全球电信运营商政企市场通信服务业务收入呈现总体下降的趋势，预计以后随着全球经济的温和复苏，政企通信服务业务收入将逐步回升，如图 3-17 所示。

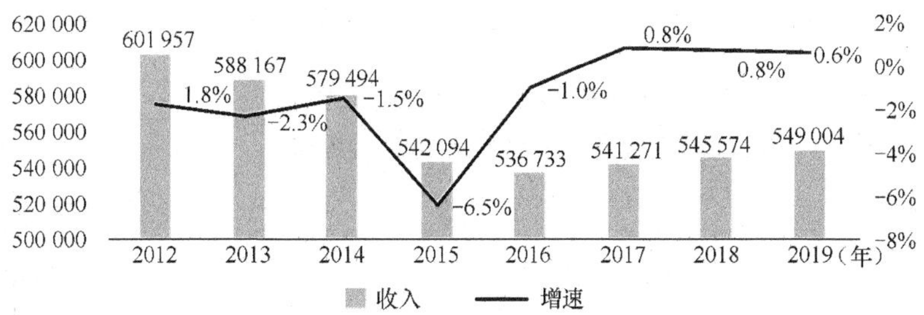

图 3-17　2012 ～ 2019 年全球政企市场通信服务业务收入

总体来看，语音 / 数据专线、xDSL 收入持续下降，造成全球政企领域固网业务收入的持续下降。虽然政企移动通信服务业务收入总体在上升，且 2014 年起业务收入占比超过了固网服务业务收入，但总增长尚不能弥补固网业务收入的损失，如图 3-18 所示。

而在政企系统集成和解决方案领域，不同地区发展程度差异较大。传统上发展较好的欧洲地区，由于竞争和用户需求的变化普遍陷入衰退，而亚洲地区凭借自身市场需求的快速增长仍有较大的发展潜力。

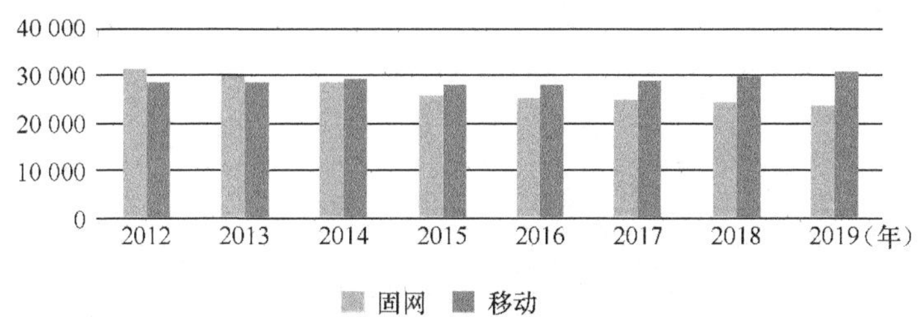

图 3-18　2012 ～ 2019 年全球政企通信服务业务收入结构

欧洲地区：整体呈现业务收入下降的趋势，领先的电信运营商政企服务业务收入也很难独善其身。如，德国电信的 T-Systems 业务单元，自 2011 年开始连续 4 年业务收入持续下降，业务单元收入由 100 亿欧元下降到 86

亿欧元，年均下降 3.7%。同时，2015 年欧盟议会决定在 2017 年 6 月前取消欧盟成员国之间的漫游费，将进一步对欧洲地区政企通信服务业务收入造成负向冲击。欧洲地区的政企通信服务业务收入仍可能持续下降。

北美地区：根据 Gartner 预计，未来几年，很可能仿效欧盟地区的做法推动美国、加拿大、墨西哥通信一体化的进程，但要在 2019 年以后才能真正取得实效。因而，预计北美地区未来政企通信服务业务收入仍将有 1.3% 到 2.7% 的业务收入增长。从电信运营商来看，政企业务收入增长已经是部分主要电信运营商业务收入增长的重要来源。如 AT&T 的政企业务单元自 2012 年起连续三年呈现业务收入增长，2013 年增长 4.5%，2014 年增长 4.0%，整体业务收入占比由 52% 上升到 54%，成为业务收入增长的动力之一。

亚洲地区：得益于行业解决方案、云、IoT 等服务，电信运营商政企服务市场表现出良好的成长性，如日本、韩国等。韩国 SKT 的企业解决方案事业部，已经连续两年高速增长，其中 2014 年增长 21%，2015 年增长 39%。其中，IoT 平台及业务服务 2014 年增长 66%，2015 年增长 80%；云服务 2014 年增长 114%，2015 年增长 111%。而日本 NTT 的政企 IT 服务则在 2014 增长了 12%，2015 年增长 2%。

分析原因，电信运营商政企服务市场刚刚进入替代竞争阶段，原有的网络、终端加解决方案的系统集成模式受到挑战，客观上造成整体业务收入的下降。但由于亚洲的社会信息化进程逐步加快，市场需求总量增长迅速，新增需求有效弥补了下降因素，因而表现出相对较好的成长性。

替代竞争：（1）政企服务市场目前正掀起 BYOD（Bring Your Own Device）浪潮。由于智能机加 APP 终端模式的兴起，传统的政企用户向电信运营商采购终端设备的模式逐渐失去市场，政企用户或自主向终端厂商采购或直接利用员工自有的设备，所以相比以往在通信服务方面的总支出大幅压缩，进而影响电信运营商业务收入的增长。(2)电信运营商的系统集成服务模式也正面临来自互联网OTT模式的冲击，企业应用软件商店模式开始出现萌芽。借助云平台、移动互联网、智能终端和有效的企业安全解决方案，政企信息化需求也开始推动网业分离，不再通过电信运营商进行统一采购，而是基于企业自身的内网和电信运营商的基础网络，借助互联网企业来解决自身的信息化需求。(3)竞争和技术进步导致的IT服务和设备价格的持续下降，客观上也影响了电信运营商集成服务总价格。这三大因素共同使电信运营商政企通信服务总业务收入下降。

新兴需求：虽然政企通信服务的传统领域和模式面临较大的替代冲击，但随着云、IoT、智慧城市、行业信息化应用的兴起，电信运营商的社会性、规模性、高保障性优势凸显，在上述领域快速发展。根据国际数据公司(IDC)估算，2014年物联网市场规模为6 558亿美元，到2020年全球“物联网”市场将增长近两倍，达到1.7×10^5亿美元，年均复合增长率在17%左右。而在云服务领域，根据市场研究公司预测，2015～2020年，全球云计算市场年均复合增长率将为30%，2020年时的市场规模将达到2 700亿美元。

3.4.2 流量正成为企业市场复苏的关键动力

全球电信运营商政企服务市场刚刚进入替代竞争阶段，原有的网络、终端加解决方案的系统集成模式受到挑战：政企服务市场目前正掀起BYOD浪潮，传统的政企用户向电信运营商采购终端设备的模式逐渐失去市场。互联网OTT模式的冲击正加速进入政企领域，企业应用软件商店模式开始出现萌芽。同时，竞争和技术进步导致的IT服务和设备价格的持续下降，导致电信运营商政企通信服务总业务收入的下降。2012～2019年全球政企市场收入结构如图 3-19 所示。

固定语音　固定数据　移动语音　移动数据

图 3-19　2012 ～ 2019 年全球政企市场收入结构

随着电信运营商数据流量经营的深化，开展数据流量后向经营使得企业市场正成为电信运营商拓展数据流量经营的新领域。电信运营商利用流量 800 等企业付费模式吸引用户增加其对自身产品的消费。这也带来了电信运营商扩大数据流量经营的范畴，实现个人消费市场与政企服务市场联动，激发总业务收入增长。如在 2014 年，AT&T 推出了“Sponsored Data”业务，意为“赞助数据”，该业务主要是借鉴互联网模式，通过允许 OTT 类服务企业以第三方的形式支付最终消费者的流量费。该模式相当于语音经营时代“800 免费电话”，实现流量后向经营和推动政企市场流量业务收入的持续扩大。根据 Gartner 预计，2014—2019 年全球政企市场移动数据流量收入年均增长 8.3%；且从 2017 年开始，移动数据流量业务收入成为政企市场的第一大业务收入。电信运营商政企市场在数据流量经营时代，将有望有更好的表现。

3.4.3　我国的企业用户发展已成为行业发展的关键之一

根据中国信息通信研究院数据表明，2014 年，我国电信运营商企业领域通信服务业务收入约为 1 950 亿元，预计到 2020 年我国电信运营商政企通信服务业务收入规模将超过 3 000 亿元，年均收入增速约为 7.5%，高于同期通信行业收入增速。我国电信运营商政企通信服务市场收入如图 3-20 所示。

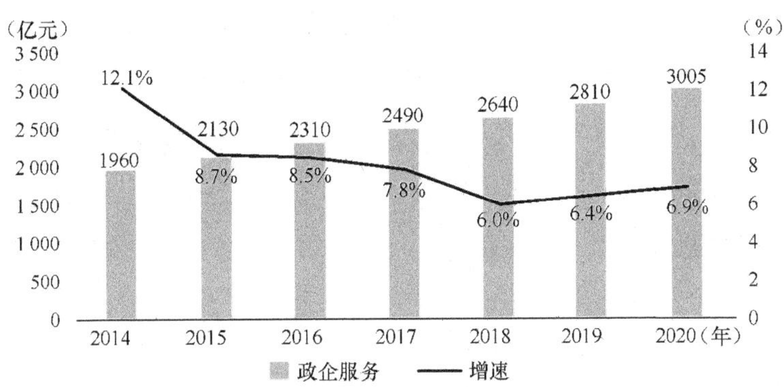

图 3-20　我国电信运营商政企通信服务市场收入

按可比口径计算，2015 年，我国通信业业务收入增速约为 0.8%，业务收入增长 89.3 亿元，同期政企通信服务业务收入增长约为 170 亿元，明显高于大众消费领域的通信服务业务收入的增长。

我国电信运营商政企服务市场的发展，主要是得益于我国整体社会信息化、网络化进程的加快，特别是两化融合、宽带中国、互联网 +、中国制造 2025 等政策的发布和推进，促进了专线、IDC、行业应用和物联网等业务需求的快速增长。

（1）专线，特别是互联网专线，是当前政企通信服务领域最主要的需求。从全球来看，以光纤为基础的高速企业专线到 2020 年将达到 300 亿美元，年均增长 7%。而从对我国电信运营商的监测来看，2015 年全国政企宽带用户超过 3 900 万户，专线业务收入约占政企通信服务业务收入的 30%，年均收入增速不低于 10%，明显高于政企通信服务领域的收入增速。

（2）IDC，目前在我国的需求正快速上升。根据 IDC 圈发布的报告统计，近两年我国 IDC 同比增长超过 40%。同期，全球增速仅为 15%。预计到 2018 年，我国 IDC 市场规模将超千亿元，年均增速超过 30%。目前 IDC 服务主要由我国的三大电信运营商提供，电信运营商占比约为 50%。按此预计，到 2020 年我国 IDC 市场规模将达到 1 500 亿元。

（3）行业应用解决方案，围绕交通、教育、能源、环保、政府公共管理等领域的行业应用解决方案的收入约占我国政企通信服务总业务收入的 25% 左右。从近两年看，该领域增速显著，达到 20% 左右。但从长远来看，虽然互联网 + 行动正孕育大量行业信息化和应用需求，为电信运营商创造了大量的机遇。但与此同时，由于互联网、云服务和政企应用软件商店的发展，我国电信运营商也开始面临欧洲电信运营商所经历的互联网替代过程。需求增加与替代竞争交织。电信业本身既有的高质量、面对面服务和属地化资源的优势，将面临软件企业、互联网企业的低成本、高速创新的竞争。预计未来，电信运营商在该领域的业务收入增速将会趋于下降，回落到 10% 以内。

（4）物联网（IoT）服务，我国电信运营商的物联网服务仍处于起步阶段，目前主要是 M2M 通道卡业务。同时，随着电信运营商物联网和 IoT 平台的日趋成熟，围绕物联网的能力输出和集成服务将会逐渐发展，并产生新的业务收入。预计到 2020 年，我国电信运营商管理的物联网连接数将达到 10.8 亿。

3.5 降本增效

进入流量经营时代后，全球通信市场整体增长乏力，行业利润水平显著下滑。在传统业务不断萎缩、新的业务收入增长点尚未成熟、网络技术更新周期不断缩短的背景下，全球电信运营商面临更加严峻的资金压力。为在短期内筹集资金，提高利润水平，“降本增效”在电信业转型阶段的重要性凸显，全方位实施“降本增效”已成为全球电信运营商的发展共识。

3.5.1 电信运营商多举并指全面落实“降本增效”

1. 优化管理能力，提高运营效率

为保持企业可持续发展和竞争优势，电信运营商需要从单纯的“规模增长模式”向“效率与效益增长模式”转变，也就是从“增长型企业”向“价值型企业”转变。经营模式的转型势必驱动管理转型，电信运营商需要不断优化管理能力，提高运营效率。

集中化是降低电信运营成本的重要途径，主要包括网络建设和运维集中化、采购集中化和 IT 支撑集中化三个方面。一是网络建设集中化。通过网络建设的集中部署，可以解决分散运营模式造成的资源浪费、重复建设等问题，进而降低成本的投入。例如，英国电信通过整合研发和设计部门、网络和技术支持部门两个对内支撑和服务的单元，构成了“BT TSO 事业部”，促进网络运维和支撑服务的集中；二是采购集中化。通过统一全集团的资源需求，发挥电信运营商规模优势扩大需求规模和采购谈判能力，争取更有利于自身的价格；三是 IT 支撑集中化。统一的 IT 技术架构有助于打破层级壁垒，实现对企业决策信息全面、实时支撑，促进信息的高效流转和反馈。德国电信将 IT 支撑资源进行了集中，发展为 T-Systems 专业化公司，有效降低了运营成本。

随着电信服务的多元化，组织结构优化在降低管理成本方面的重要性凸显。传统组织结构的不合理导致电信运营商的管理成本居高不下，国际电信运营商主要通过以下两种方式来进行组织结构的优化：一是建立传统业务与新业务相分离的事业部制的组织体系，如新加坡电信、NIT DoCoMo 分别设立了数字生活事业群和智慧生活事业部，推动独立发展、独立核算进而明确成本变化；二是整合区域公司，形成大区制，如 NIT DoCoMo 将以东京地区为核心的 13 个区域子公司进行了整合，成立了 DoCoMo CS 公司。

此外，不少激进的国际电信运营商还采取裁员的方式来迅速降低运营成本。工资支出是电信运营商最主要的运营成本之一，裁员在短期内能迅速降低成本，但这种方法可能对员工士气造成不利影响。电信运营商一般将裁员和退休计划进行结合，以减少工会的反对和员工时期的消极影响。在保证用户服务质量和效率的前提下，最终将员工数量保持在尽可能低的水平。

2. 创新营销方式，削减营销成本

电信企业获得持续发展的根本是用户的发展与维系，通过价格竞争发展用户的方式归根结底是成本的竞争，营销成本成为影响电信运营商盈利水平的重要因素。通过减少终端补贴、渠道酬金等营销成本的支出，开展精细化营销资源的分配，成为电信运营商“降本增效”的重要措施。

为提高用户的黏性，电信运营商一直为苹果、三星等高端智能机提供高额的手机补贴。终端补贴费用甚至可能高于电信运营商用于升级移动通信网络的费用支出。终端补贴对电信运营商而言是一把双刃剑：一方面有助于维护用户；另一方面导致其成本大幅上升。近年来，全球电信运营商一直在这两难选择中左右摇摆，并不断试探削减乃至取消手机终端补贴。

为降低渠道酬金成本，电信运营商积极优化现有的渠道结构，加速向互联网渠道转型。通过从高成本的传统渠道向低成本的互联网渠道迁移，实现线上与线下渠道的协同发展，电信运营商可以降低渠道酬金的成本，提高渠道运营效率。例如澳大利亚 Telstra 推出了“数字化优先（Digital First)”项目，产品相关的主要服务，如计费、付款和用户咨询，都优先默认的数字化服务或自动化服务。

3. 剥离固定资产，聚焦核心业务

为专注核心业务的发展，国际电信运营商采取剥离部分固定资产的方式来为企业日常运营及收购相关支出筹集资金。通过出售部分固定资产，国际电信运营商可以有效缓解网络投资带来的资金压力。

从国际发展的经验来看，出售铁塔资产可为电信运营商节 10% ～ 15% 的建设支出和运营支出。众所周知，铁塔的投入并非是一次性的，建设完成后需要长期维护。由于一些国家的地理条件复杂，通常会以移动通信方式为主。在人口稀疏的国家或者地区，移动通信网络的铺设成本和维护成本都是非常高的。由于铁塔需要定期维护，电信运营商需要建立庞大的车队支撑。为缓解铁塔带来的资金压力，国际电信运营商一般采用用“售后回租”的方式，即电信运营商向铁塔公司出售铁塔获得现金，然后双方再签署合作协议，电信运营商付租金再租回铁塔。在这种形式下，电信运营商依旧对铁塔具备一定的控制力，同时还能得到现金。南非的 MTN 和印度的巴帝都开始将基础设施建设交给 HIS 这样的基础设施公司，以降低运营成本。

除了出售铁塔资产外，国际电信运营商还通过出售数据中心和固网业务等非核心资产来获得资金。印度电信运营商信实通信将呼叫中心以及相关的共享服务运营剥离出去，由此带来近 6 000 名员工的剥离，每年员工薪酬就能节省 20 亿卢比。据报告，西班牙电信计划出售包括电信塔在内的非核心资产，价值达到 50 亿～ 60 亿欧元，以减少其巨额债务。

4. **提升网络利用率，降低运维成本**

随着市场竞争不断加剧，新技术、新业务对传统网络维护带来巨大冲击，国际电信运营商将网络外包和网络共享作为削减网络运维成本的重要选择。

为减少投资新网络带来的成本压力，全球网络运维外包业务发展迅速。网络运维走向专业化、低成本外包发展模式，将有利于多快好省地建立网络及业务竞争优势。运维外包能够有效解决维护人员严重不足和维护工作不断增加的矛盾，推进低端设备维护工作社会化，将现有维护力量集中到高层次的网络维护管理和优化调整等工作上来，进一步提高网络质量，提升企业的核心竞争力。阿尔卡特朗讯与新西兰电信 (TNZ) 签订多年的外包服务协议，该合作每年为 TNZ 增加 25% 的业务收入，并为数字用户线路（DSL）业务降低 80% 的成本。

随着成本压力的不断增大，网络共享也被越来越多的电信运营商接受，尤其是实力相当的电信运营商之间共享意愿更强烈。网络共享是指无线网络在不同电信运营商之间共享，有助于提高网络的利用率，进而降低网络建设的投资。网络共享可以给电信运营商带来显著的利益，10% 的站点共享会带来 50% 的业务收入增长，有源无线接入网（RAN）共享可以节省 LTE 网络总成本的 25%，更深层的核心网共享则会节省更多的成本。据 Orange 预计，较之非共享的推出成本，两家电信运营商之间的一项积极的 RAN 共享，将使电信运营商们能够在每 GB 的 LTE 成本上节省超过 25%。OVUM 预计，未来五年，超过 50% 的 LTE 将会涉及某种形式的网络共享。为了降低网络建设成本，瑞典电信运营商 Tele2 和 T-Mobile 在 2013 年签订了一项为期 10 年的协议，共享两家公司在荷兰的移动蜂窝基站；阿联酋电信运营商 Du 在 2015 年与其主要竞争对手 Etisalat 达成了固网基础设施共享协议。

5. 网络技术升级，降低产品成本

长期而言，技术升级能提高网络能力并大幅降低网络的建设成本。在经历 2G/3G/4G 后，蜂窝技术正在向 5G 演进。有研究显示，从 3G 到 HSPA 的过渡，每兆字节的成本降低 50%；从 HSPA 到 LTE 的过渡，成本降低 50%；4G 到 5G 时代，单位比特的传输成本降低了 1000 倍；接入与传输技术演进中，40GPON 和超 100G 波分系统成为下一代有线宽带接入和传输技术演进的方向。它们的发展和引入都能够使得业务的接入和传输速率比目前有成倍的提升，带来单业务量成本的大幅下降；通过 IP 骨干网络架构优化大幅提升效率和利用 CDN 将内容推向网络边缘也是有效降低骨干网络建设成本的有效手段。

在短期面临资金紧张的情况下，电信运营商仍然需要对网络进行更新改造来维持自身发展和满足用户需求。在资金的约束下，电信运营商虽然不能立即进行全面改造升级，但局部有计划的逐步更新应该成为长期目标。SDN/NFV 等新技术是网络未来的发展方向，让自动化管理成为可能。SDN/NFV 技术的出现将快速实现网络资源的配置和提供，降低网络运营的成本。该技术通过将过去的专用设备替换为通用设备，提供更强的网络可控和可管能力，实现对物理设施的整体管控以及业务快速开通和灵活部署，降低网络运行和业务部署的成本，减少网络建设、运行和维护成本。与此同时，借助标准的通用硬件，电信运营商的云 IT 基础设施投入也将大幅降低。根据市场调研机构 TBR 在 2015 年年底发布的报告显示，包括 AT&T、Verizon、BT 等在内的欧美两地主要电信运营商在 SDN、NVF 领域的支出达到 1 570 亿美元。著名市场调查公司 Research and Markets 一份调查报告指出，SDN 和 NFV 投资在 2015 ～ 2020 年将以 54% 的年复合增长率增长，2020 年营运业务收入将达 200 亿美元。

3.5.2 欧洲、美国和中国三大电信市场相继启动“降本增效”

随着全球电信行业利润水平的不断走低，欧洲、美国和中国三大电信市场相继启动“降本增效”的措施。受行业整体盈利能力、竞争环境和政府监管力度等因素的影响，主要电信市场采取的成本压降措施各有侧重，区域特点明显。

1. 欧洲电信市场

欧洲电信市场持续萎缩，率先启动成本压降的措施。受市场碎片化和经济危机等因素的影响，欧洲电信运营商最早进入行业利润的低谷阶段。由于资金短缺的现象尤为严重，欧洲电信运营商在 2011 年左右率先启动“降本增效”计划，且成本压降的力度最大。

欧洲电信运营商从 2011 年开始集中开展裁员计划和取消手机补贴政策。

在裁员方面，德国电信、法国电信、沃达丰等主要欧洲电信运营商均进行了大规模裁员。以西班牙电信为例，由于西班牙经济的急剧下滑以及国内固定电话市场竞争加剧，西班牙电信做出 2011 ～ 2013 年裁员 6 500 人的决定。这一裁员涉及该电信运营商在西班牙全部员工中的 20%，裁员的税前成本约为 27 亿欧元。在取消手机政策补贴方面，欧洲最大的两家电信运营商沃达丰和西班牙电信早在 2012 年就已经把西班牙作为取消手机补贴政策的试验场。欧洲超过 30 家电信运营商相继放弃合约机销售模式，转向租赁或融资计划。

受传统通信产品饱和、内部漫游市场强监管的影响，欧洲电信运营商具有较强的动力将网络运营外包和网络共享，以保留更多在关键领域发展的投资能力。在网络外包方面，目前欧洲约 1/3 的电信运营商网络是由爱立信、华为等提供网络外包服务；在网络共享方面，英国沃达丰和西班牙电信英国移动子公司 O2 合并两家公司在英国的移动接入网，涉及 1.85 万个基站，目的是合力发展 LTE，双方的网络成本有望因此降低 25%，各自节省 12 亿～15 亿欧元。

在网络技术方面，来自全球咨询公司 ADL 和贝尔实验室共同发布的调查报告显示，SDN 和 NFV 将为欧洲电信运营商每年节省 390 亿欧元。管理咨询公司 Arthur D. Little 和设备商阿尔卡特朗讯发布的白皮书称，一家欧洲电信运营商通过投资 SDN 和 NFV 可以将运营开支降低 10%。目前，在欧洲引领 NFV 和 SDN 发展的移动电信运营商包括沃达丰、德国电信、西班牙电信等。以德国电信为例，德国电信的目标是到 2018 年完成全 IP 转型。德国电信认为，最终它可以通过全 IP 转型每年在每位用户身上节省约 10 欧元（11.4 美元）成本。此外，沃达丰也积极推进 SDN 与 NFV 发展，集中精力进行全网虚拟化战略。

2. 美国电信市场

美国电信市场竞争加剧，相继进行成本压降。虽然美国电信市场整体表现优于欧洲电信市场，但仍面临较为明显的资金短缺问题。出于收购频谱、进行收购、减少债务等方面的考虑，美国电信运营商在2013年采取成本压降措施来筹集资金。相较于欧洲电信市场，美国电信运营商的成本压降启动的时间点较晚，且成本压降力度更加温和。

为缓解网络大规模投资带来的资本开支压力，美国电信运营商多采取出售非核心固定资产的方式，包括铁塔、数据中心和固网业务等。目前，美国无线运营商的铁塔资产基本已经全部被出售，美国专业铁塔公司将拥有美国电信市场绝大部分铁塔资源。此外，美国两大电信运营商AT&T和Verizon均在2015年宣布出售其数据中心资产。以美国第一大无线运营商Verizon为例，Verizon宣布以36亿美元向Equinix公司出售29个数据中心。Verizion还宣布出售位于加州、佛罗里达州和得克萨斯州的本地固网业务。这一业务包括370万路语音电话连接、120万路FiOS视频服务连接，以及220万路宽带连接。

在终端补贴方面，美国电信运营商为了留住用户，一直在为苹果、三星等旗舰手机提供高额补贴。自2007年苹果与AT&T推出合约机之后，美国消费者只需支付200美元就可以购买最新版的苹果手机，并且每两年就可以升级一部新手机。这一局势从2015年开始被扭转，美国最大的运营商Verizon和AT&T均宣布不再向新用户发售合约机。目前，美国前四大电信运营商已基本取消手机补贴政策。

在网络技术方面，美国电信运营商积极发展SDN技术。美国两家电信运营商AT&T和Colt近日宣布，双方已经成功测试了SDN的互操作性，为未来在数分钟内完成在对方网络设施上部署和管理服务铺平了道路。AT&T计划在2020年通过这种新型软件定义架构对其超过75%的网络进行虚拟化和控制。Verizon也在努力转向一个以软件为中心的架构以降低成本，并且能够更快地为用户提供新服务，该电信运营商计划在IP多媒体子系统（IMS）

和分组核心演进（EPC）中部署 SDN 技术。

3. **中国电信市场**

中国电信市场进入转型期，逐步推进成本压降。受 OTT 冲击和营改增等方面的影响，中国电信行业的盈利水平在近两年显著下降，中国电信运营商开始在降本增效方面做出努力。由于中国电信市场进入转型期的时间点较晚，而且一直保持较高的利润水平，中国电信运营商在成本压降方面主要是受政府引导，且成本压降力度相对较小。

在网络运营方面，国内电信运营商通过成立铁塔公司和基站共享的方式来节约网络运营成本。在政府和电信运营商的共同努力下，三大电信运营商在 2014 年合资成立了铁塔公司，接手运营商 2 314 亿元的存量铁塔资产，致力于推动共建共享、降低行业网络运营成本。截至 2015 年年底，中国铁塔共承接铁塔建设需求 58.4 万座，交付铁塔 48.5 万座，新建铁塔共享率大幅提升到 75%，与电信运营商各自建设通信基站相比减少 26.5 万座基站建设，节约行业投资 500 亿元。在网络共享方面，电信联通双方签署“资源共建共享　客户服务提质”战略合作，深入推进网络的共建共享，加快网络覆盖，提升网络的服务能力。在此基础上，新疆联通与新疆电信签署了 4G 基站共享合作协议。截至 2016 年 11 月，双方已开通独立载波 4G 共享室外基站 2 000 余座、室分 200 余个。此外，双方还在干线维护、应急通信保障、网络优化等方面开展了深入合作，首批 4G 共享基站完成后，预计通过合作可节约投资和成本 3 亿元以上。

在营销成本方面，国内电信运营商提出“全渠道互联网化”战略，通过建立互联网渠道的方式，降低营销和服务的成本。例如联通“沃盟”“沃易购”等互联网销售平台的推出，不仅丰富了联通原有的渠道体系，而且提升了渠道的覆盖范围和触点，很好地起到了降本增效的作用。此外，根据国资委的要求，三大电信运营商的营销成本从 2014 年开始连续三年以每年下降 20%

的幅度递减，减少渠道酬金、终端补贴等营销成本的支出，开展精细化营销资源分配，达到减少成本、保证利润的目的。

在运营效率方面，国内电信运营商在 ERP、电子渠道销售和业务支撑系统（BSS）三个方面进行集中化运营，提高运营效率：一是 ERP 集中，打通运营财务、HR、采购和销售各领域流程，运用标准化、一致化的运作模式提升企业的市场形象；二是电子渠道销售系统集中，总部和分公司电子渠道销售系统互联，实现全国统一、规范、透明的电子化销售服务管理系统，降低重复建设率；三是业务支撑系统核心系统集中，将客户关系管理（CRM）、计费等 BSS 域的核心系统全部集中，与总部的生产系统、各省本地生产系统进行上下交互与联动。

在网络技术方面，国内电信运营商加快 SDN/NFV 的实验和部署工作，相继发布了 SDN/NFV 发展规划。中国移动推出了下一代网络“NovoNet”，目的是融合 NFV、SDN 等新技术，构建一张资源可全局调度、能力可全面开放、容量可弹性伸缩和架构可灵活调整的新一代网络。中国联通在 2016 年启动 SDN/NFV 的试点验证，从边缘网络开始向核心网络拓展。中国电信将云应用架构在 SDN/NFV 的基础网络之上，以提升运营效率和降低成本。

第四章

我国电信业转型的策略建议

4.1 我国电信业面临的主要问题和挑战

4.1.1 我国电信业面临的外部挑战

1. 基础电信产品准公共物品化

自 2013 年以来，中国政府一直致力于推动“宽带中国”战略落地，通过信息通信基础设施的建设、改造和升级，推动信息经济提速发展，打造国民经济增长的新引擎。“宽带中国”奠定了信息通信基础设施作为国家战略性基础设施的地位，但也加速了基础电信产品向准公共物品的演化。2015 年 5 月，国务院发布《关于加快高速宽带网络建设推进网络提速降费的指导意见》，随后国内三大电信运营商纷纷响应，高密度地出台了一系列“提速降费”的举措，包括宽带免费提速、手机流量不清零、逐步取消移动通信漫游费等。这些举措给电信运营商带来两方面后果：一是网络投资压力骤增，尤其在有线网络投资方面的缺口较大，网络折旧也增加了未来几年利润考核的压力；二是在尚未开发出新的业务增长点的前提下，三大电信运营商 2015 年的收入增速均出现了大幅下滑，行业整体增幅降至0.8%[25]的历史低点。进入2016年，三大电信运营商先后宣布于年内全面取消漫游，“提速降费”的号角仍然没有停止，其中暗合着政府对基础电信产品进一步下沉为准公共物品的期望。

产品定位的改变引发了增长模式的转换。基础电信产品逐步向水、电、煤气靠拢，“微利经营”的结果已经不可避免。近两年，国内三大电信运营商关于数字化、生态化转型的论调甚嚣尘上，转型的步伐一再提速，这既是明智的选择，也是无奈之举。基础电信业在自然人口红利趋于消失、政策监管准公共化的导向下，增长的潜力已经大不如前。从前期的数据可以看到，流量对收入的拉动作用在逐年递减，流量业务利润率大幅缩水，此趋势已经十分明显。这时候响应国家信息化战略的号召，借着4G和光纤宽带飞速发展的气势，高调进军数字化领域，开拓业务发展新蓝海，才能够确保稳定增长，搏出一个光明的未来。

2. 行业竞争多元化

新领域也意味着新竞争。一方面，电信运营商在网络能力、业务产品逐渐同质化的背景下，相互之间的竞争更加白热。另一方面，产业链主体向上下游渗透，产业边界日益模糊，生态模式大举兴起，竞争的多元化较传统电信领域有过之而无不及。

传统电信业务方面，在4G商用后，中国移动短时间内便消除了3G时代的网络劣势，重新巩固了行业老大的位置。不仅如此，2016年，中国移动开始全面发力家庭宽带，只用了一年时间，用户规模便逼近中国联通[26]，实现

注25：工信部统计公报数据，2015年电信业务收入完成11251.4亿元，按可比口径测算（扣除“营改增”对电信业务收入的影响而测算）同比增长仅0.8%，远低于此前2%的预期值，创近10年新低。

注26：截至2016年12月中旬，中国移动家庭宽带用户总数达到7325万（2016年中国移动合作者大会）。

赶超指日可待。为了对抗中国移动，中国电信与中国联通不得已采取了“抱团取暖”的策略，试图通过资源共享、优势互换，拉近与中国移动在网络能力、服务水平上的距离。2015 年年底，中国电信和中国联通推出《六模全网通终端白皮书》，放弃原来各自的终端主张，联合施压厂商生产全网通终端，为蚕食中国移动手机用户消除终端障碍。2016 年 1 月，中国电信和中国联通签署“资源共建共享　客户服务提质”战略合作协议，在网络建设、服务质量、创新业务、国际漫游服务等方面开启全面深度合作。资费方面的竞争则更加激烈。2016 年 10 月，中国联通和腾讯合作推出“大王卡”，月租 19 元实现腾讯应用流量全免，对市场形成了较大冲击。中国联通还率先大范围推广无限量套餐，从全球来看，无限量套餐是未来的趋势，并且在发达国家已经出现了向中低端用户扩散的态势，很可能会推动基础通信业务进一步贬值。

除了原有的三大电信运营商，在行业开放政策的推动下，广电、虚拟运营商、宽带接入服务商纷纷踏入基础电信业务，侵蚀电信市场的空间。2016 年 5 月，工业和信息化部向广电发放第四张基础电信业务运营牌照，经营范围涉及互联网国内数据传送业务、国内通信设施服务业务。未来，广电在涉及网络建设的宽带市场竞争中将不受限制，并将加快利用视频内容资源优势参与到三网融合业务的竞争中来。可以预见，宽带市场竞争将会变得更加残酷，宽带资费下调压力将会更大。在移动转售方面，经历两年的试点期后，虚拟运营商开始逐渐步入正轨。据统计，2016 年，国内已获得移动转售牌照的 42 家虚拟运营商中，超过六分之一已经实现了营利[27]，经营状况开始好转。与发达国家相比，我国虚拟运营商在国内电信市场整体份额仍然处于低位，未来还有很大的增长空间。

此外，云通信（也作云通讯）的崛起也需要引起足够重视。云通信平台

注 27：http://www.c114.net/vno/4331/a988628.html。

依托互联网，以云计算的方式，为企业用户提供通信平台服务（PaaS）和通信软件服务（SaaS），大幅降低企业和开发者对通信服务的使用门槛。三大电信运营商彼此间的业务壁垒和 To B 模式的繁荣推动了云通信的发展。云通信服务商可以用更大的规模分别从不同电信运营商处批量采购基础电信业务，在自家云平台上进行整合，再小批量的提供给企业或开发者。这种模式相比电信运营商各自的后向业务具有无可比拟的整合优势，甚至在部分区域市场可以实现价格上的优势。2016 年，阿里巴巴成立阿里大于，互联网巨头进入云通信市场，势必推动云通信进一步规模化发展。云通信对电信运营商可谓是利弊共存的双刃剑：一方面，云通信可以提升后向经营的业务收入，弥补个人市场语音、短信的下滑；另一方面，云通信加深了电信运营商管道化属性，直接挤压了电信运营商企业市场的利润空间。

跨界竞争方面同样不容乐观。OTT 的替代效应还在加剧。据统计，微信用户 2016 年日发送消息的总次数比 2015 年增长了 67%，音视频通话的总次数增长了 180%[28]。与之形成鲜明对比的是，2016 年前 11 个月，我国电信业移动电话去通话时长下降了 1.3%，移动短信业务量则下滑了 5.2%[29]，下滑的趋势稍有减弱，但尚未达到触底反弹。在数字化领域，竞争主体更加复杂，终端商、设备商、互联网公司等产业链主体相互渗透，彼此融合，生态竞争早已脱离空泛的概念，成为普遍的现实。以智能家居为例，其中便涉及终端、网络、平台、应用等多层面服务，每一台终端，每一个平台，每一款应用，背后都有来自全球的若干企业参与竞争。而相比终端商、设备商和互联网公司，电信运营商不存在“固有”优势，相反，在发展理念和开发、制造能力上还存在一定的劣势。

注 28：来自微信公开课《2016 微信数据报》。

注 29：来自工信部公布的 2016 年 11 月通信业主要指标完成情况。

3. **行业监管法制化**

电信市场中一直存在“无证经营”“超范围经营”“不正当竞争”等违法、违规行为，若不加以制止，将进一步蚕食电信行业正常的利润空间。同样，电信诈骗等利用电信手段实施的违法犯罪行为，也在无形损害电信业在公众心目中的形象。电信运营商既要加大力度配合政府打击电信犯罪，守护网络空间安全，又要想方设法应对来自对手的竞争，这也是一个不小的挑战。

4.1.2 我国电信业面临的内部问题

1. **体制、机制的束缚**

电信运营商作为国有骨干企业，由国资委直接管辖。国资委对大型央企主要进行经营业绩考核，尤其注重经济增加值考核，即以“做优、做强、做大”为主要目的，引导企业提质增效升级，落实国有资产保值增值的责任。以 2016 年央企负责人经营业绩考核表为例，基本指标包括利润总额和经济附加值(EVA)[30] 两个，其中经济附加值重点考核资本成本和平均资本成本率，业绩导向非常明显。这种考核方式简单粗暴，优点突出，但是缺点也很明显。缺点具体体现在两个方面：一是无法实现对不同企业、不同业务的分类考核，对企业发挥的社会效益缺乏公允的评价，对新业务发展缺乏试错的容忍度；二是不利于激发企业转型的积极性，因为转型意味着效益上的风险，而效益风险是企业负责人不可承受之重。

同样，国有企业在资本运作、风险防控等方面也存在各种各样不可逾越的体制和机制的束缚，是企业转型过程中必须谨慎处理的关键问题。资源配置浪费是我国国有企业的通病，为了防止资源配置浪费，保障国有资产安全，防止国有资产流失，国资委和监管部门对国有企业资本运作有严格的限制。

注 30：中央企业负责人 2016 年度经营业绩考核目标建议值表。

2015年10月，国务院发布《关于加强和改进企业国有资产监督防止国有资产流失的意见》，从企业内外部监督、建设追究机制等方面进一步强化国企对国有资产保值增值的责任，但同时也强调要放管结合、提高效率，尊重和维护企业经营自主权，增强监督的针对性和有效性。正在深入推进的新一轮国企改革，国有资本管控也是一项重要内容。但防控的边界很难用具体标志进行界定，企业转型又常常涉及资本运作，如何把握成为一个棘手问题。进退之间，企业管理者往往瞻前顾后，容易错失转型时机。结局是，电信运营商对于发展方向始终处于徘徊、彷徨状态，转型方向不坚定，缺乏超前布局，导致资源分散，管道核心价值得不到有效提升。

2. **组织管理不适**

电信运营商的组织管理还是建立在传统基础电信业务之上的运营体制，面向云计算、物联网、大数据等新业态的组织架构、流程设计、运营管理机制都还没有被建立起来，更谈不上完善。当创新型和互联网型业务生长在电信运营体制下的时候，就会出现不适应。

电信运营商多是传统机械式的组织架构，各种部门、中心林立，当业务需要涉及多部门协调沟通时，就会造成额外的内部沟通成本。以渠道体系为例，至今电信运营商尚不能实现线上线下渠道的顺畅协同，渠道能力无法发挥到极致。再比如数据资源共享，电信运营商近几年推动大IT整合，试图发展大数据业务，但基础数据的域内整合尚未做到，“数据烟囱”的横向打通更是举步维艰，这极大地降低了业务发展的效率。

电信运营商在企业流程方面同样存在问题。内部流程繁琐、审批环节众多和流程责任主体不明等问题普遍存在，流程的设计与新兴业务敏捷开发、快速反应的需求特点极度不吻合。

3. **人才转型滞后**

从基础网络的角度来讲，未来的网络能力将由CT向IT、DT转型，网络运维所需要的人才知识结构与当前人才队伍的知识结构大不相同。从业务发展的角度来讲，电信运营商所经营的业务正在向互联网化转型，但电信运营商人才知识结构与互联网业务的发展需求不匹配，现有的薪酬制度和激励机制也难以吸引新型开发人才的进入。无论是依靠外部引入，还是利用内部培养，想要实现人才队伍的转型都面临不小的挑战。

4. 创新能力不足

多年以来，以运营管理为主体工作，网络、平台、业务创新外包为基本模式，已经使电信运营商自有创新能力被不断削弱，产品模式、经营模式和商业模式创新缺乏核心能力支撑。例如，面向物联网，我国电信运营商也开始尝试探索平台化经营，但是由于在 IT 能力、集中化运营、专业领域运营等方面存在明显的短板，目前打造的物联网统一能力开放平台或行业垂直开放，无论在专业能力，还是在服务效率和使用体验上，都与市场预期存在差距，对开发者缺乏吸引力。

企业市场是电信运营商未来的重点方向之一，但相比个人市场，企业市场对服务质量的要求更高，需求差异性也更大，因此提供服务的难度相对较大，成本也相对较高。与互联网公司、ISP 公司相比，电信运营商目前在开发能力、服务能力、服务效率、灵活程度上都存在一定的劣势，难以满足企业用户的上层服务需求，将会大大制约电信运营商在企业市场的发展。

5. 经营理念落后

我国电信运营商在多媒体内容分发、移动支付等领域进行了多年的探索和布局，然而多年来并没有取得良好的效果。例如，2005 年，中国电信就提出了从“传统基础网络运营商”转变为“综合信息服务提供商”的转型思路，开始探索管道之外的互联网业务，先后推出了号码百事通、互联星空等业务，但是没有取得显著成效。中国移动在 2007 年推出飞信，与 QQ 等直接竞争，应用商店模式崛起后，又开始打造 Mobile Market 应用商城和互联网基地，但这些探索在用户争夺和经营绩效方面效果都不显著。中国联通先后开展过沃支付、沃商店、沃阅读、手机音乐、手机电视、沃百富等探索，但影响力十分有限。

究其原因，一个非常重要的因素在于，电信运营商的思维模式和经营理念与新业务的发展特点不契合。电信运营商同时面临直接竞争与跨界竞争的双重压力，在新领域的探索中，通常把直接竞争摆在了第一位，而打击竞争对手的思维模式必然导致封闭式发展，与 OTT 全网运营、规模运营的特点相悖。比如，在 CDN、即时通信、支付等多个领域的发展过程中，电信运营商采用相对封闭的发展模式，与互联网巨头生态开放的发展模式形成鲜明对比，在竞争中缺乏胜算。

4.2 我国电信业转型的策略建议

4.2.1 网络转型策略

1. 实施网络转型重构

电信业的高速发展一直以来是需求驱动与技术驱动相辅相成的结果。但每一次重大转型变革的发生都是先由技术的变革引发的。在经历了 2G、3G、4G 的网络快速演进发展之后，电信运营商网络建设“高投入”带来的“广覆盖”“高带宽”并不能换来持续的“高回报”，反而陷入同质化恶性竞争的泥潭。

随着企业和消费者业务云化的趋势不断加剧，用户对服务内容的丰富性、服务提供的敏捷性、服务变更的灵活性和开放性要求也越来越高。电信运营商现有的网络架构已经难以满足这个新的用户需求，因此需要重新构建新的网络架构，推动网络向“智能化”“敏捷化”“开放化”转型。首先要构建以数据中心（DC）为核心的网络架构。未来的互联网 + 业务，使得 DC 成为网络的中心。围绕着云端不同的业务类型和用户体验需求，构建超大型数据中心、区域数据中心和边缘数据中心为架构的云网协同的网络体系。其次要引入 NFV/SDN 技术，增加网络灵活性和弹性扩展，降低维护成本。NFV/SDN 技术的引入，使得网络的敏捷性和开放性大大增加，网络能够支持更加灵活的定制、差异化的业务需求，同时实现了网络资源的集约化管理和灵活重组。

2. 加速网络演进升级

高清视频、智能物联、工业互联等诸多多样化和极限需求对下一代网络演进的要求更高，电信运营商一方面要加速从理念、布局到技术应用的网络架构转型，另一方面也需要紧跟 5G 的技术和网络演进步伐，抢占发展先机。

4.2.2 业务转型策略

1. 继续巩固和深化流量经营

我国仍然处于移动流量的高速发展期，目前的人均 DOU 不足 1G，相对于日、韩和美国等发达国家仍有 2 ～ 3 倍的增长空间。同时随着高清视频、AR/VR 等新需求的兴起，移动流量仍有较高的增长潜力，也是未来我国电信运营商驱动收入增长的最核心来源。

2. 加快布局视频业务，形成协同

视频已经成为电信运营商网络最主要的承载内容，预计到 2020 年，在固网中的视频流量将增长 3 倍以上，在移动网中的视频流量将增长 10 倍以上。视频业务对网络的依赖性越来越强，协同性也越来越强，也逐渐成为电信运营商关注的重点。目前，全球有超过 50% 的电信运营商已经布局了视频战略。

我国当前互联网电视的普及率较低，仅为 29%，未来有较大的增长空间。同时，我国正在推进光网城市建设，也将助推互联网电视的快速发展。

3．加速“互联网 +”高价值领域

重点围绕政务、医疗、交通、金融、旅游、教育等商业价值高的领域切入。一方面要面向垂直行业加速网络的升级和改造，提升网络的易扩展性和集约性；另一方面要加速构建能力开放体系，提供一站式平台服务，支持构建“互联网 +”新生态。

4．大力拓展物联网市场

在业务领域方面，重点切入车联网、智慧能源、智慧城市、智能制造、智能家居和个人消费电子产品领域；在平台建设方面，加快连接管理平台和应用使能平台建设；在能力建设方面，推进行业洞察能力、敏捷支撑能力和物联网大数据分析能力建设，搭建垂直行业合作平台，协同推进总体布局。

4.2.3 商业模式转型策略

1．拓展后向经营

互联网不仅冲击着电信运营商的传统业务，也给电信运营商的商业模式带来新的挑战。在电信业务互联网化的趋势下，电信运营商也必须做好商业模式互联网化的转型准备。其中最主要的是围绕移动流量产品，顺应流量内容一体化发展趋势，扩大后向、定向流量产品形态，提升后向、定向流量产品规模。当前，我国后向流量市场规模不到总体流量市场规模的 1%，有较大的增长空间。

2．构建开放生态

随着电信运营商 CT、IT、DT 能力的不断累积，电信运营商具备了更多产业伙伴所需的优质能力，将这些能力服务化就可以让每个行业及细分市场的开发者所使用和集成，共同做大产业蛋糕。根据梳理，电信运营商当前至少拥有基础通信、业务支撑、智能管道、IT、业务平台和大数据六大类、上百项原子能力可供开放。目前，AT&T、德国电信、中国移动、中国电信等主流电信运营商均在布局能力开放战略，并且在大数据能力、认证能力开放、变现方面有了很多有价值的探索。

3. 从 B2C/B2B 到 B2B2C

在 B2C/B2B 阶段，电信运营商主要是向其用户提供基础通信服务来获取通信费用，主要帮助用户解决信息传递的需求。随着电信运营商开放能力的构建，基于开放能力与第三方合作伙伴解决更多商业问题成为可能，这就是 B2B2C 模式。我国当前处于“互联网 +”的大发展时期，各行业都在寻求用互联网的方式来升级和颠覆传统生产和传统商业。电信运营商需要与合作伙伴进行资源互补，协同创造新的商业价值。

4.2.4 国际化策略

一是结合国内“一带一路”战略新机遇，与“一带一路”沿线的中西亚、东南亚等周边国家紧密合作，实现电信基础设施互联互通、有序开发。二是与我国大型跨国企业抱团出国，践行国家“走出去”战略，同时也降低市场风险，如高铁、核电、能源、基建、互联网公司等都是可以合作的伙伴。三是基础电信业务的国际化更适合采用投资并购的方式，能够降低自建成本，缩短投资回报周期。新业务则更适合采用自建、并购或与相关企业建立合作联盟。四是作为后发市场，同时结合信息通信需求的新变化，应尽快完成“三步走”的“破局”和“布局”阶段，进入重点业务“控局”，以免失去市场发展先机。

转型实践篇

第五章

欧美电信运营商标杆

5.1 AT&T 的转型之路

5.1.1 AT&T 基于环境变化，推动面向数字化发展的战略转型

1. **转型背景**

AT&T 的发展历程是一个从固定到移动，从通信业务到融合业务的转型历程，简要回顾如下：

① 2004 年，面向来自移动网络、VoIP 等业务的替代竞争压力，AT&T 致力于成为“最受尊敬、业绩最好的电信运营商”，并购西南贝尔，开始经营移动业务，涉足 VoIP 经营。

② 2005 年，来自有线电视网络的竞争加剧，VoIP 替代增强，语音收入持续减少，AT&T 开始提供基于宽带的视频服务，开展宽带领域的相关转型，注重为大型商业企业用户提供整合通信服务。

③ 2006 年，3G 渗透速度加剧，划时代的智能终端出现，AT&T 引入 iPhone，推出 U-verseTV，并扩展大型跨国公司用户。

④ 2007 年，流量增长压力加大，用户多样化需求增加，AT&T 提出“全面连接工作和生活，做最好的运营商”，并开始兴建 Wi-Fi，推出宽带融合业务如互动电视、视频电视等。

⑤ 2008 年，经济下行压力增大，智能手机开始兴起，AT&T 为此扩充宽带网络容量，提供更多样化的增值服务，以及一系列的创新业务，如电话医生、融合短信。

⑥ 2009 年，金融危机带来收入下滑，智能终端多样化，AT&T 提出“创新为用户”，并开始经营智能手机和多样化智能终端，为企业提供整体移动解决方案，为家庭用户提供融合化家庭产品。

⑦ 2010 年，经济持续低迷，流量快速发展，AT&T 提出“网络皆有可能”，提出建设最先进、最智慧的网络，开展移动解决方案创新（如企业云）以及个人服务创新（如终端升级、用户免费通话等）。

⑧ 2011 年，移动互联网时代到来，用户流量需求爆发，AT&T 重新思考业务发展战略，并在当年启动 4G 网络，强调流量经营，取消 3G 时代的无限流量套餐，开展定向流量、终端计划。

⑨ 2013 年，面向 4G 加速发展所带来的机遇，AT&T 提出“世界移动化”战略，转变无线业务商业模式，提出语音短信免费，推出终端分期计划，打造多终端、多用户流量共享套餐计划，强化家庭和政企 IP 服务。

2. **战略布局**

2015 年，移动电信业务收入增速持续下滑。为此，AT&T 提出致力于“成为全球领先的一体化通信服务公司”的战略目标，如图 5-1 所示。

该框架中的五大战略重点内涵如下：

① 提供移动领先的连接集成解决方案：为每个设备、感应器提供无缝连接的网络，并确保网络服务的速度、高安全性和可靠性。目前 AT&T 在网络方面的成就：为美国和墨西哥 3.55 亿用户提供无处不在、移动化、高速、高

安全性、无缝、跨界的连接服务；为 100 万个美国商务地点提供高速光纤连接服务；覆盖全球六大洲的 IP 网络服务；为 5 700 万个美国用户地点提供高速的互联网连接服务；美国和拉丁美洲全覆盖的卫星高清、超高清视频服务。

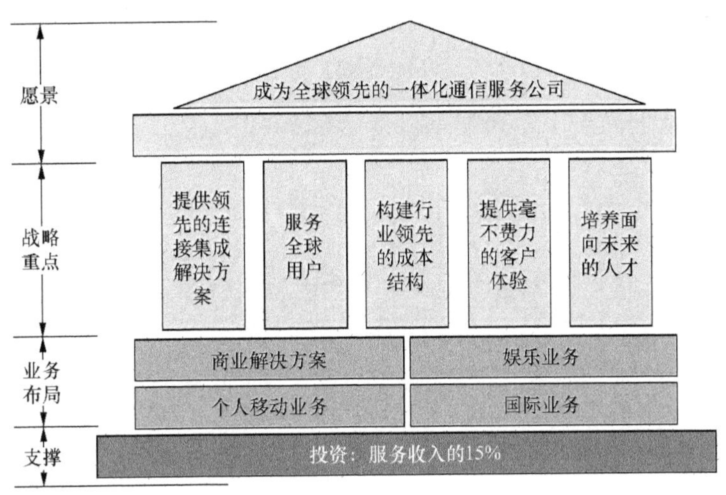

图 5-1 AT&T“成为全球领先的一体化通信服务公司”战略框架[31]

② 服务全球用户：用户是全球化的，所以 AT&T 的服务也是全球化的，因此 AT&T 将不断地加大投资，确保 AT&T 能够提供整合解决方案，以连接世界各地的人和企业。目前，作为网络软件化的领导者，软件定义的网络使 AT&T 能够更便捷地为全球用户提供服务。

③ 构建行业领先的成本结构：致力于构建现代化的网络架构，以提升经营效率和生产效率。为此，AT&T 大力推动网络的软件化。软件定义网络使 AT&T 能够以产业最低的边际成本提供网络服务。同时，AT&T 正在通过用户服务自助化和经营数字化，以缩短服务时间，降低服务价格。

④ 提供毫不费力的用户体验：这是 AT&T 一切行为的原则。设计产

注 31：数据来源为根据 AT&T 2015 年年报整理。

品、流程时，保障与用户每个触点的“毫不费力”。当用户搜索一个产品、浏览内容、与客服交流或办理业务时，这必须是简单的、无缝的、毫不费力的。提供毫不费力的用户体验需要持续的投资和能力提升，例如，未来几年，AT&T为了将DirecTV带给所有的用户，就必须重置大量资产和资源。

⑤ 培养面向未来的人才：随着技术的不断进步，AT&T计划用先进的技能武装其员工。AT&T正通过创新培训、明确工作要求等方式，帮助员工实现从硬件向软件、从传统固定管道向移动、从数据记录者向数据分析者的转型。

3. 战略重点

总之，多元化、智能化、开放化和再培训是AT&T今后三年的战略重点。

一是多元化。

目前，AT&T的业务分为消费者移动业务、娱乐业务、政企业务和国际业务四大类：消费者移动业务主要包括面向美国市场个人用户提供的移动语音、流量、终端等业务；娱乐业务主要包括面向美国市场家庭用户提供的固话、宽带、视频等业务；政企业务主要包括面向美国市场政企客户提供的VPNs、以太网、云、托管、IP会议、视频和安全等服务；而国际业务主要包括面向墨西哥、巴西、阿根廷、委内瑞拉等国家的用户提供的无线服务、无线终端和视频服务。

2015年，AT&T通过收购DirecTV、墨西哥移动运营商Iusacell和Nextel，实现娱乐业务和国际业务的有效布局，多元化业务布局效果在2015年显现。2015年，AT&T总业务收入增速高达10.8%，娱乐业务、国际业务对总业务收入的贡献率分别高达90.99%和28.58%，政企业务、娱乐业务、消费者移动业务成为其收入支柱，总业务收入占比分别为48%、24%和24%。AT&T 2015年收入驱动力及收入结构如图5-2所示。

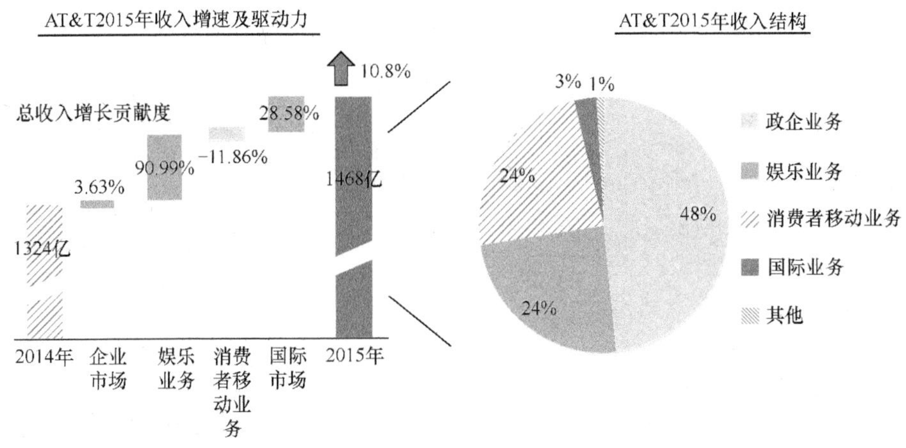

图 5-2　AT&T 2015 年收入驱动力及收入结构[32]

二是开放化。

为了构建产业生态系统，并针对不同用户群的需求提供差异化服务，AT&T 着力推动能力开放化，即以开放 API 为抓手，搭建网络能力开放平台，将传统的“专用”业务架构，向“合作与开放”的新业务架构转变。

新型业务架构主要分为四层，包括网络、云基础设施、共享开放平台，以及由自有业务、第三方厂商 / 开发者、企业用户构成的业务层。以此为基础，针对用户、合作伙伴的差异化需求，提供四种差异化的服务方案，包括普适性 API，受保护的 API、SDK 包，定制解决方案，以及 AT&T 自有产品。这四种差异化服务的单位价值以此提升，而适用的用户范围却以此降低。AT&T 开放能力架构及差异化服务方案如图 5-3 所示。

三是智能化。

为了应对数据流量大规模增长对网络承载能力和成本控制带来的挑战，AT&T 早在 2014 年 11 月 13 日发布《Domain2.0 白皮书》，提出将网络基础设施从以硬件为中心向以软件为中心转变，实现基于云架构的开放网络、

注 32：数据来源为 AT&T 2015 年年报。

重构业务和网络能力对外开放，计划 2020 年实现 75% 的网络虚拟化。

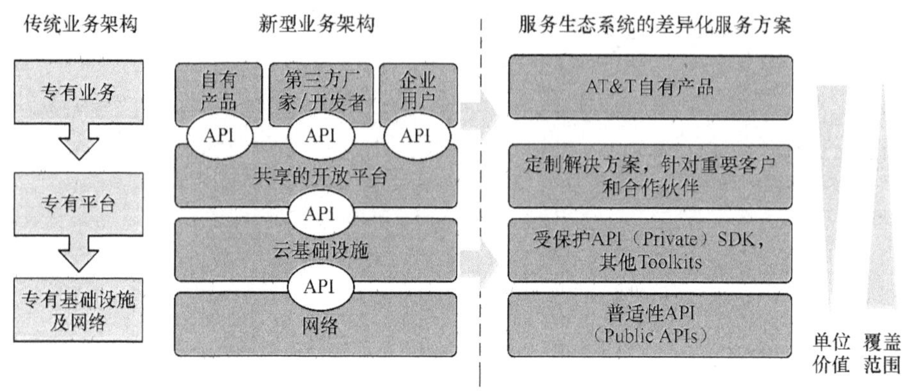

图 5-3　AT&T 开放能力架构及差异化服务方案

AT&T 的智能化网络架构分为三层：底层是 Packet 和 Optical，代表 AT&T 当前的网络区域，从当前的 TCP/IP 控制 / 数据层路由转变为 SDN 技术，以支撑外部控制的实现；中间层是 Network Function Virtualization Infrastructure Cloud，网络功能虚拟化基础设施云，表示用于支持 NFV 的新型基础设施（NFV Infrastructure），就在这个区域内进行云操作、应用以及架构改变，以支持网络的工作负载，即网络能力的内部管理实现区域；顶层是 Commercial Cloud Computing Environments，商业云计算环境，API 对外开放 VNFs 功能、SDN 灵活控制和扩展的网络能力，为用户、合作伙伴和第三方提供商用云服务能力区域。AT&T 的智能化网络架构如图 5-4 所示。

四是宽带化。

为了应对谷歌的光纤部署计划，满足家庭用户的视频需求，AT&T 在 2014 年推出了“GigaPower 1 Gbit/s”计划，用户可以享受下载和上传速度均达到 1 000 Mbit/s。

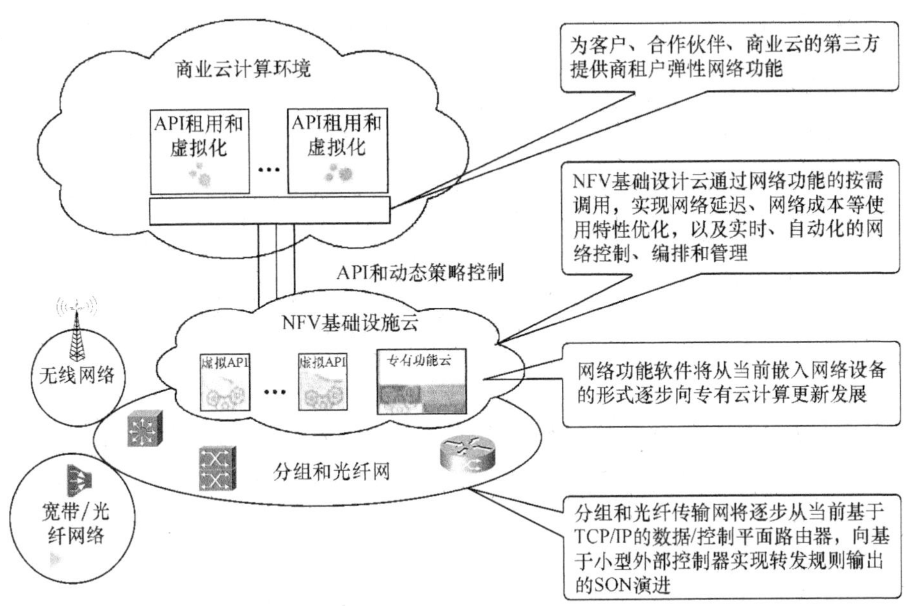

图 5-4　AT&T 的智能化网络架构[33]

截至 2016 年 9 月，AT&T 的“GigaPower 1 Gbit/s”服务已经覆盖超过美国 1/3 的区域，包括佐治亚州、阿肯色州、伊利诺斯州、密西西比州、路易斯安那州、佛罗里达州、威斯康辛州、阿拉巴马州、印第安纳州、密歇根州、密苏里州、堪萨斯州、北和南卡罗来纳、田纳西州、肯塔基州、加州、俄克拉荷马和德克萨斯共 19 个州和地区。

五是再培训。

从硬件转向软件，从固定转向移动，从设备转向云，从数据整合转向分析，这就意味着员工在 STEM（科学、技术、工程、数据）方面存在能力鸿沟，例如员工没有写开源软件的经验，对新技术的掌握和应用能力不足，缺乏海量用户数据分析的能力。因此，AT&T 面向公司 27 万员工，在 2015 年启动了为期 5 年的 Vision 2020 全员再培训计划，支出预算高达 2.5 亿美元 / 年。

注 33：数据来源为 AT&T《Domain2.0 白皮书》。

培训采用在线教育与线下课堂相结合的方式，培训的内容分为基础、中级、专业和高级共四个等级，具体包括软件定义网络、云计算、大数据、Web 开发和 iOS 编程等。AT&T 与佐治亚理工学院和在线教育公司 Udacity、慕课等专业培训机构合作，结合公司内部培训机构，为员工量身打造学习课程，成绩优秀的员工会得到奖学金和证书，并作为员工晋升的参考标准。公司鼓励部门之间的员工流动，员工流动与参加培训的情况也会作为部门领导的考核指标。

5.1.2 AT&T 聚焦视频、物联网和企业市场，实现多元化业务拓展

AT&T 的多元化拓展集中在视频和物联网业务，以及企业市场。

1．视频

AT&T 通过资本运作，视频娱乐服务能力和业务收入规模均实现了跨越式发展。2014 年 7 月，AT&T 以 485 亿美元收购了美国最大的卫星电视运营商 DirecTV，获得了近 2 000 万的付费用户，同时获得了超过 2 000 个数字频道和 12 颗地球同步轨道卫星。在 DirecTV 的带动下，经过一年，AT&T 的娱乐业务 2016 年上半年业务收入达到 253.69 亿美元，同比增速达到 121.7%，总业务收入增长贡献达到 90.06%，总业务收入占比为 31.30%，成为 AT&T 仅次于政企业务的第二大核心业务板块。

基于 DirecTV 平台和内容，AT&T 计划面向全网用户，推出 DirecTV Now、DirecTV Mobile 以及 DirecTV Preview 三种流媒体视频服务。用户可以在几乎任何设备上观看，比如平板电脑、智能手机、智能电视、流媒体机顶盒以及 PC。其中，DirecTV Now 允许用户观看来自许多网络的直播和点播节目，以及 DirecTV 当前的高级付费选项。DirecTV Mobile 被描述为一种“移动优先”的高端视频解决方案，而 DirecTV Preview 则是依靠广

告来支撑的免费服务，它会展示来自 Audience Network、Otter Media 和许多其他网络的内容。

其中的 DirecTV Now 流媒体电视直播服务在 2016 年 11 月 30 日已经被正式推出，该服务包月费起价为 35 美元，提供 100 多个频道，并且可以增加 HBO 和 Cinemax 等额外的优质频道。AT&T 表示，将在遵守现行隐私法规的前提下了解用户的喜好，向用户推荐有针对性的广告，降低用户的使用费用。

为了更好地构建视频业务运营能力和布局视频业务，AT&T 在 2016 年实施了一系列的收购行为。为获得视频分发技术，AT&T 在 2016 年 6 月完成了对互联网视频服务商 Quickplay Media 公司的收购，该公司是一家基于云计算的互联网视频服务商，主要业务是提供互联网视频分发管理解决方案，帮助用户优化视频服务体验，其用户包括 AT&T U-verse、Verizon、贝尔（Bell）公司、Rogers 通讯、三星以及 HOOQ（SingTel、索尼影视、华纳兄弟合资公司）等。为巩固其内容资源优势，AT&T 在 2016 年 10 月份，以每股 107.50 美元收购时代华纳，收购方式为股票加现金，二者各占一半，总金额为 854 亿美元，交易可能要到 2017 年年底才能完成。时代华纳的媒体业务包括美国有线电视新闻网（CNN）、TNT、HBO 频道和华纳兄弟（Warner Bros.）电影电视制作公司等。

2. 物联网

AT&T 的物联网业务目前分为三个层次：一是网络连接服务，模块库、物联网设备认证、SIM 卡和设备控制中心；二是物联网行业应用和解决方案，包括车联网、资产管理、智慧电网、健康医疗和数字家庭等；三是能力平台服务，包括开放数据存储、开发工具、APIs 接入服务、安全服务和专业咨询服务。

其中，连接服务主要是通过提供网络连接服务获得业务收入，而能力平台服务主要是通过收取服务费的方式获得业务收入。例如，AT&T 与保时捷公司合作，AT&T 用户每月支付 10 美元就可将保时捷汽车连接到其无线套餐计划中。

行业应用和解决方案主要是通过硬件 + 服务打包的方式获得业务收入。例如，在车联网领域，AT&T 提供的基于驾驶行为的保险服务，可以让保险公司收集详细的驾驶行为数据用以推进商业创新，同时也帮助消费者通过安全驾驶节省保险开支。AT&T 提供的智能车载设备会连接到 AT&T 的无线网络，获得更多关于驾驶行为的数据，如车辆信息、驾驶时间、位置、速度、情景模式等，保险公司可以依据每位驾驶者的行为数据建立变革性的保险提供方式，数据显示驾驶风险概率较低，保险公司可以为该车主打造低价格的保险产品。AT&T 通过收取硬件费用和每月订阅套餐的服务资费获得业务收入。目前 AT&T 为用户提供 90 天的试用期方案，其中包括：50 个 OBDII 硬件终端；3 个月的流量（每个月 3MB）；可以评测驾驶者行为、里程数、车辆健康状况、位置等信息的打分软件；无限制的门户访问，以及由项目经理、解决方案工程师及解决方案销售经理组成的 AT&T 用户支持团队。

在货物管理领域，AT&T 基于其感知设备和货物管理平台，提供货物查看服务，帮助用户掌握货物的运送状态，并因此获得供应链中的控制权。AT&T 的业务收入一部分来自传感设备的出售，另一部分业务收入则来自于传感器发送监测信息的数据传送费用，以及设备接入网络的接入费用。该服务目前已经有很多成功案例：

① 跨国物流供应商 Crane Worldwide Logistics 公司使用 AT&T 货运查看服务监管其在得克萨斯州达拉斯的设施，用以运输高价值的电子产品、服装和钱包至美国境内。Crane 公司因此可以跟踪货物的实时位置，检测包裹是否被篡改，以及包裹是否暴露于极端温度、震动或光照环境下。

② 为博物馆、画廊和私人收藏家提供艺术品的国际运输服务的 Racine

Berkow Associates 公司，使用 AT&T 的追踪器来检测包装箱的位置、包装箱内的温度、光照及振动，用以保证财产的安全与完整。

在数字家庭领域，AT&T 的数字生活解决方案包括四个部分，分别是视频监控、门禁控制、漏水检测和能源管理，帮助家庭变得更加安全与自动化。AT&T 主要依靠硬件与软件两部分收取费用。AT&T 设计了 3 个基本套餐供用户选择，分别是 39.99 美元的智能安全套餐、54.99 美元的智能安全和自动化套餐、64.99 美元的高级安全和自动化套餐；智能安全套装包括 7×24h 全天候专业监控，包括窗户与门禁传感器、运动传感器、室内警笛等，帮助保护住宅的安全；智能安全和自动化套餐是在获取智能安全套餐的基础上，加上家用触屏控制和家庭自动化功能—室外摄像头和远程访问门锁；高级安全和自动化套餐还包括了能源管理功能，如温度、光照控制和漏水检测。另外，用户也可以自行组合与选择，包括视频监控、门禁控制、能源管理和漏水检测，AT&T 一次性收取硬件设备及安装费，用户之后每个月支付套餐服务费。

而对于能力平台服务，AT&T 主要是通过收取能力调用费获得业务收入。开发者支付 11 美元，即可获得 AT&T 提供有限数量的 SIM 卡、无限流量，以及物联网开发 APIs 接入权（有效期限为 6 个月）。

目前，物联网的连接规模效益初露端倪，成为 AT&T 无线总连接数增长的重要驱动。GSMA 数据显示，截至 2015 年年底，AT&T 物联网蜂窝连接数将近 2 500 万，增速接近 40%，占公司新增无线连接数的 81%，目前物联网蜂窝连接数占总无线连接数的比例达到 19%。但是，AT&T 没有披露目前物联网的业务收入规模，而物联网行业尚处于发展阶段，主体格局也尚未形成，未来物联网业务收入规模如何，能否成为 AT&T 的业务收入增长点，还充满不确定性。

3. 企业市场

相比个人市场，企业市场对网络服务的质量、效率要求较高，而且需求的差异性较大。因此，尽管企业市场空间很大，但难度相对较大，成本也相对较高。2014 年，AT&T 为突破企业服务困局，基于其智能网络能力，为企业用户提供 Network on Demand 服务，企业用户可以通过在线服务门户或 APP 自助开通网络服务，甚至是实时调整网络速度。随后，AT&T 又推出了 Internet on Demand，提供独立的方式灵活快速地扩大或缩小带宽，在 150 余个 AIC 市场上可以使用。2016 年 7 月中下旬，AT&T 发布 AT&T Network Functions on Demand 服务。之前企业为实现网络功能不得不购买大量的设备，如路由器、防火墙、广域网加速器等，但是通过 AT&T 的网络功能服务，企业只需要添加一个通用设备，并且可以部署在其他国家。目前，AT&T 的 Network Functions on Demand 服务已经在美国 170 个城市成功商用，而且 AT&T 已经与超过 450 家的企业用户签订该服务协议。

云服务是 AT&T 面向企业用户提供的另一重要业务。鉴于大型云服务商在上层云服务方面的创新优势，AT&T 在 2015 年年底宣布将其数据中心托管业务出售给 IBM，自己则选择把精力放在云计算的网络层服务。AT&T 的服务方式主要是基于其在 2014 年推出的 NetBond 服务，NetBond 创造了灵活、极其安全的连接方案，使用户可以接入其他云服务商，目前 IBM、亚马逊、微软等知名云服务商已经加入到此项服务中。未来，AT&T 主要通过整合大型云服务商的服务的方式，向政企用户提供整体云服务解决方案。AT&T 的 NetBond 服务及合作伙伴如图 5-5 所示。

而从财务结果来看，AT&T 企业市场业务收入 2015 年增速为 0.74%，剔除资本收购视频公司和国际公司的因素，对公司总业务收入的增长贡献率为 309.3%。其中，包括 Network Functions on Demand 在内的战略性固网业务表现尤其强劲，2015 年战略性固网业务收入增速高达 12.87%，剔除资本因素，对公司总业务收入的增长贡献率高达 599.76%。

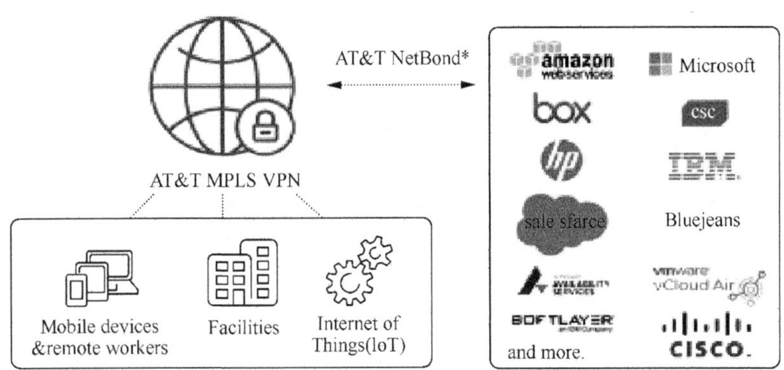

图 5-5　AT&T 的 NetBond 服务及合作伙伴

5.2　沃达丰的转型之路

5.2.1　沃达丰的战略转型

1. 转型背景

受市场驱动的影响，融合业务成为发展趋势，沃达丰的固定业务收入增长明显，而移动业务收入增长缓慢，固定业务的重要性更加凸显。沃达丰为了快速切入固定业务市场，采用兼并收购、联合建设、自建等举措，提升固网业务的发展能力，可见其对固定业务的战略定位已经发生变化，由以前的补充地位上升为主业。

2. 战略布局

沃达丰从 2013 年就开始逐步放弃“唯移动”的超级移动战略，开始主动投资固定市场。欧洲的数据业务、统一通信业务、新兴市场和企业市场成为四大重点领域和业务收入的核心来源，这些业务的发展都依赖优质的网络和用户服务体验，为了支撑上述发展，沃达丰推出了“春天计划”。这是一个为期两年网络投资项目，从 2013 年 11 月开始，总投资规模为 190 亿欧元，如图 5-6 所示。

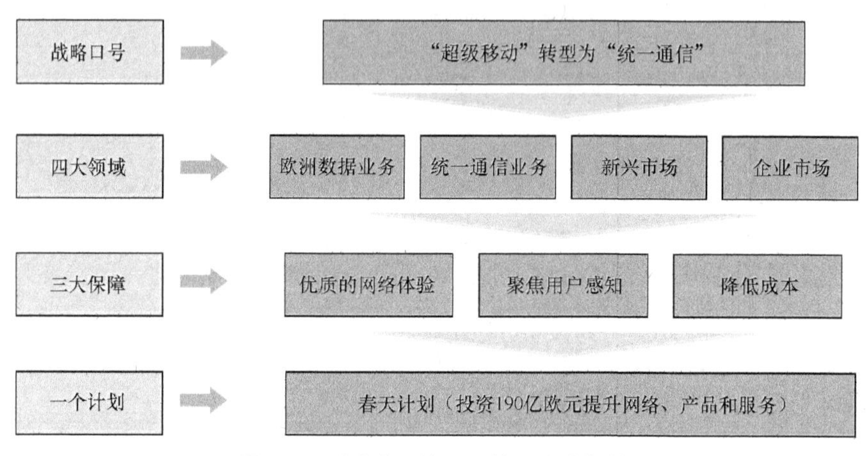

图 5-6　沃达丰“统一通信”战略架构

3. 战略路径

移动数据、融合通信、新兴市场业务和企业市场业务是沃达丰新战略的四轮驱动力，助力统一通信战略的落地。

战略驱动力 1——移动数据业务。主要发力点在欧洲市场，通过加大网络覆盖、推出新流量套餐和终端计划等举措，刺激移动数据流量的使用。为了进一步完善网络覆盖，沃达丰推出了“春天计划”；为了进一步刺激流量使用，沃达丰推出了新的流量套餐“红色计划”（语音和短信不限量，并给予移动的流量使用津贴，安全管理和云存储是额外付费功能），有效应对了 OTT 竞争，尽可能地挽留用户，并延缓了传统业务价值的下降。为了提高用户体验，沃达丰推出自有品牌终端，不仅获得了终端销售的业务收入，更提高了用户流量使用感知，进一步推动了数据业务的发展。

战略驱动力 2——融合通信业务。在移动业务发展缓慢的情况下，沃达丰进行了市场调研，选择统一通信服务战略是希望将在移动领域的优势向固定领域迁移，整合多种通信技术，提供固移捆绑式服务。沃达丰通过收购、兼并、自建和租用等多种方式构建固网资源能力，近三年进行了大量的资本投入，以便迅速切入固网领域，构建自由能力，而不是像过去仅租用伙伴电信运营商的固定网络，被动弥补在固网市场的不足。

战略驱动力 3——新兴市场业务。新兴市场主要是指在非洲、中东和印度等国际市场的业务。由于新兴市场具有人口增长较快、经济增长强劲、移动普及率低、缺乏固定网络基础设施等特征，沃达丰以提供基础信息通信服务为核心，不断加大网络覆盖、丰富业务种类、提高服务体验等方式，加大市场拓展力度。在网络方面，沃达丰以 3G 网络和核心提高移动网络能力，同时开始布局固定网络服务能力；在业务方面，除了传统的通信业务外，沃达丰开始发展以移动支付为代表的新业务；在用户体验方面，沃达丰通过优化套餐、改造营业厅等方式提高用户感知。

战略驱动力 4——企业市场。在 ICT 业务领域，沃达丰聚焦平台和解决方案的提供，提供物联网、云计算、托管等业务，业务已经覆盖全球 100 多个国家、1 700 多个跨国公司。企业市场业务收入增长稳定，业务收入占比约为 30%，未来随着沃达丰固定网络资源能力的逐步到位，企业市场将有更大的发展空间。

5.2.2 沃达丰的多元化拓展

1. 物联网

沃达丰的物联网业务主要聚焦于车联网、能源与公共事业、金融与保险业、医疗健康业和制造业五大领域。

（1）物联网在车联网领域的应用

沃达丰基于物联网技术为用户开发出多样的产品与服务，通过车辆保险、安全服务、车辆关系管理、车队管理、车载信息娱乐及远程诊断维护等方面为汽车产业带来更多的机会与利润。通过不断探索制造商、销售商、保险公司及服务提供者的合作机会，帮助他们在正满足用户需求的同时控制成本。

沃达丰车联网的应用场景包括以下六大类。

① 基于驾驶行为的保险：有助于用户减少保险费，并帮助处理责任认定、健康及安全驾驶等棘手的问题。

② 安全性便捷服务：如紧急呼叫，当遇到车祸时将位置和诊断信息发出以寻求快速的道路救援。

③ 车辆关系管理服务：正在重新定义客户关系，从而为设备制造商和经销商提供创收的增值服务，如被盗车辆跟踪和基于位置的防盗应用程序。

④ 车队管理服务：有助于鼓励更有效和更安全的驾驶，优化路线规划，加快响应时间，提高工作效率，最大限度地提高车队利用率。

⑤ 信息娱乐服务：实时的交通信息、天气预报，随时访问基于位置的互联网和企业应用，包括电子邮件、即时连接的导航系统和路边广告牌。

⑥ 远程诊断和维修服务：车辆远程诊断和维修服务，允许车辆进行机械故障自我诊断并在问题发生前及时发现。

沃达丰在基于驾驶行为的保险应用场景下，与合作伙伴推出了业界领先的 UBI 解决方案，使汽车保险提供商能够随时捕捉驾驶行为，并结合驾驶历史数据以改进承销、定价方法，推出具有吸引力的一系列保险产品，提升整体盈利能力。UBI 解决方案能实现以下三种功能。

① 提供硬件进行监测：沃达丰提供一系列的车载监测硬件使其安装在投保人的车辆上，监测硬件均配有 GPS 及加速计，并收集车辆驾驶信息，如车辆在哪里行驶、在什么样的路面上行驶、车辆驾驶的频率及司机的驾驶技术等信息。

② 数据传输与分析：每个硬件监测设备通过沃达丰 M2M 网络将监测到

的数据传输给数据管理平台，沃达丰会对数据进行分析，并提供给保险公司每位驾驶者的驾驶危险系数。

③ 信息与报告查看：保险公司可以登录并管理车载监控设备并更好地监控所需的信息。同时，投保人也可以通过网页或手机登录个人用户界面，查看车辆驾驶报告，帮助投保人调整驾驶习惯并影响投保费用。

在发展模式上，沃达丰与多家公司合作推出了不同的产品系列，满足从大型货车到家用轿车的多样化软硬件服务需求。同时积极与汽车制造厂商合作，确保硬件在各大厂商汽车上稳定性与兼容性。在软件服务方面，借力保险公司的经验与优势，合作开发车联网解决方案。

与硬件厂商合作推出车载插件：与 Zelitron 公司合作推出一款名为 Zelitron ZLT-AT-11 的硬件，与 CalAmp 公司合作推出了 CalAmp ATU 620、CalAmp TTU 720 和 CalAmp TTU 1220 三款硬件。

与汽车制造商合作确保车载硬件性能：车载监测硬件与奥迪、本田、尼桑和丰田等厂商合作，确保硬件的稳定性与兼容性。

与保险公司合作共同设计服务方案：与 Generali Group 保险公司合作，共同研发推出个性化的保险及服务解决方案。

（2）物联网在能源与公共事业领域的应用

沃达丰为用户提供能源数据管理和智能电网计量解决方案，帮助用户将能源使用信息可视化并进行精细化管理，帮助企业缓解提高能源效率和减少碳排放的压力，同时以更加透明精确的计量方式改善能源使用者的体验，并提高能源提供商对能源供给的管理与调控。

应用场景 1：能源数据管理

针对需要提高能源利用率和降低碳排放的机构团体，能源数据管理解决方案可以跟踪用户位置与能源消耗方式等，用户一旦拥有这些数据就可以针对存在的问题制订计划并进行改进。能源数据管理解决方案具有以下特点：

① 可视性显示环境中的能耗；

② 远程自动监控、报警和控制；

③ 便于制定智能能源和碳排放管理计划；

④ 可在预算规划过程中不断改进；

⑤ 融入员工的参与共同管理能源消耗。

应用场景 2：智能电网和智能计量

智能电网和智能计量将为能源供应商提供实用的工具以应对挑战，实现远程数据管理和监控能力、自动化和控制，高效利用输配电网络、安全的系统管理等功能。同时，智能计量使计量表与中控系统间进行双向信息传输，允许消费者以一种新的方式参与其中，并为消费者提供更好的用户服务。

智能电网不仅使公用事业以可持续、经济、高效、安全的方式提供电力，而且还为其他新的低碳技术开辟了新机会，如电动汽车和智能家居。

智能计量能够为商业和住宅用户提供基于实际的，而不是估计的能源消费账单。改进将有助于改善现金流，减少坏账及查询。同时，智能计量也能够促使预付能源服务在低收入群体中得到推广。

沃达丰通过应用能源数据管理解决方案，将自身的能源开支降低了 40%。同时帮助各领域用户实现了智能计量设备的部署，为其智能计量服务提供安全可靠的连接与数据传输服务，满足了政府对能源监控与管理的需求，也为能源价格管理、错峰用电等提供了技术保障，实现更加智能的能源供应与使用。

（3）物联网在银行金融与保险领域的应用

针对不断变化的金融市场，沃达丰利用物联网技术帮助银行、金融、保险业的用户更快地顺应市场发展，提供了一系列创新的技术解决方案，最终提供有形的价值服务。在业务场景上，包括基于用户行为的保险、ATM 的移动连接、资产的实时跟踪与监控三个部分。

应用场景 1：基于用户行为的保险

沃达丰提供的物联网技术，能够使保险公司对实际保险行为和基本保险费的分析模型从静态评价转向动态风险评价。如由用户行为决定的汽车保险产品，提高消费者汽车保险的盈利能力和区分力。

应用场景 2：ATM 的移动连接

金融服务业的 ATM 已经开始从使用固定线路连接向移动物联网解决方案方向转变，主要驱动因素有三个：一是部署的速度更快；二是移动方案带来停机时间减少；三是移动连接还能让 ATM 更方便地定位体育或音乐等重大事件发生的位置，创造新的商业机会。

应用场景 3：资产的实时跟踪与监控

沃达丰的资产管理解决方案能够实时跟踪资产位置，降低盗窃率，找寻丢失或被盗的资产，从而提高运营效率。

（4）物联网在健康医疗领域的应用

全球人口老龄化和全球慢性疾病的流行正在给医疗领域带来巨大的经济成本负担，这迫使医疗服务提供者寻找新的方式来保证医疗服务的质量。沃达丰通过包括状况管理、辅助生活、医疗及试验设备监控和维修、医院入户四个核心领域的医疗解决方案，帮助解决生产力和成本上的挑战，同时改善患者的护理和生活质量。

应用场景 1：状况管理

为慢性病患者提供长期状况管理服务，在不引人注意的情况下在患者家

中对患者的状况进行远程监管。一个独立的门户可以允许患者及其医生、照看人员和其他关键的利益相关者安全地汇报、分享并查看数据，从而提供定期的检查并防止情况恶化。

应用场景 2：辅助生活

通过远程监控重要指标、药物依从度及跌倒等，使辅助生活成为可能。此方案可以帮助缓解老人的孤独感，帮助他们更轻易地完成日常事务，并保证老人们在家中及室外的安全。

应用场景 3：医疗及试验设备监控和维修

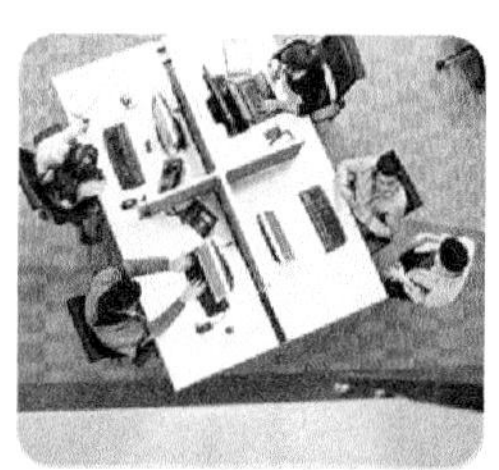

通过监测及跟踪医疗和实验室设备，实时通知潜在问题及维护需求，避免现场访问耗费大量时间，同时提高用户响应时间和服务水平。

应用场景 4：医院入户

通过提供配合医院治疗的整合照看方案，帮提患者提升生活质量。

在健康医疗方面的发展模式上，沃达丰在医疗领域的合作伙伴遍及基金会、医院与医疗人员、制药厂商、医疗解决方案提供商等多个领域，在健康数据收集、疾病预防与护理康复等方面积累了大量的合作关系与经验，并借助专业医疗解决方案提供商的力量，为用户提供融合一体化的健康医疗服务。

与国际基金会合作

沃达丰基金会与联合国基金会组成伙伴关系，利用战略技术方案开发卫生数据系统，改善获取卫生数据的渠道，帮助战胜疾病。

与医院及医疗人员合作

① 沃达丰将为这些服务提供技术、基础设施及相关支持，并建立医疗专家与病人间的数据传输与沟通。

② 医疗专家向患者推荐 mHealth 作为患者护理的一个组成部分，帮助管理患者的日常生活。

与制药商及疫苗联盟合作

① 与制药巨头 GSK 和疫苗与免疫联盟 GAVI 合作，加强疫苗接种。

② 与 GAVI 的合作收集儿童接种疫苗的信息。

③ 与 GSK 的合作是为医疗工作者发放手机，使其能够通过移动设备对服务的社区进行药物库存等跟踪。

与医疗解决方案提供商合作

① 与 CRF Health 合作（CRF 是全球领先的电子临床结果评估解决方案提供商），使用沃达丰的 M2M 平台对临床试验研究中的移动数据进行传输与管理。

② 与 AstraZeneca 合作（AstraZeneca 是移动健康领域的全球领导者），使用 mHealth 服务改善心血管疾病患者的健康状况。合作将创造基于互联网

的新型移动服务，以支持患者的治疗过程，提高药物依从性，并给予患者更有效管理自身状况的信心。

（5）物联网在制造业领域的应用

通过提供高效、低成本、自动化的信息收集服务，沃达丰正在利用物联网技术逐渐改变制造业。为了实现增强控制，降低成本的目标，沃达丰推出了一系列的业务，包括资产跟踪、远程监控和控制、车队管理服务和环境控制。

应用场景 1：资产跟踪

跟踪大型工业设备和工厂资产（如原材料、耗材和备件）的位置，解决之前因距离太远、成本太高而无法跟踪的问题。IoT 可以改善业务流程，实现库存管理、优化运输和交付、跟踪零件、收集员工数据等功能。

应用场景 2：远程监控与控制

远程监控是对重要设备和资产（车辆、工厂设备等）的连续监控，提供关于温度、湿度、压力、开 / 关状态和产品使用信息的实时状态更新，通过主动维护和自动更改配置，节省意外停机的时间，从而降低成本。

应用场景 3：环境控制

沃达丰采用物联网技术密切关注多种环境条件，诸如空气质量、灌溉、温度、压力和化学监测等，从而保证工厂的环境符合法规，确保工人和财产的安全。

沃达丰在制造业上的合作模式上：沃达丰主要采取为用户提供技术支持与解决方案的方式。沃达丰分别为 Ecube 实验室、Atlas 工业方案提供商、Bosch 技术集团和 Movimatica 定位导航部门提供了一系列的物联网技术方案，帮助优化其产品，提高附加价值，增加竞争优势。

和 Ecube 实验室合作：沃达丰为 Ecube 实验室提供全球 SIM 卡与 IoT 连接管理平台，使管理者能够与智能垃圾箱进行无线通信，监测垃圾的实时状态，从而更有效地控制废物收集频率，保持街道清洁。

和 Bosch 合作：Bosch 为了打造一个集成网络基础设施和车辆监测的网络，与沃达丰展开战略合作。两家联合开发了一系列创新解决方案，比如利用 M2M 通信与过程优化，完善了 Bosch 电动车解决方案。

和 Atlas 合作：Atlas 是世界领先的工业生产解决方案提供商， 沃达丰为其提供全球的 M2M 通信服务，来监控其在世界各地空气压缩产品的性能，为其研发和服务团队提供重要情报。

和 Movimatica 合作：Movimatica 是意大利车商 Merlo 的部门，专注地理位置产品。沃达丰提供的解决方案能够使 Movimatica 的技术人员远程监控车辆的性能，收集数据，并用于未来产品的开发。其 SIM 卡还提供安全跟踪服务，带来更多附加价值。

2. **云计算与托管**

沃达丰的一系列云计算和托管解决方案，能够为用户提供更灵活、可扩展的，并具有成本效益的 IT 框架。解决方案具有专用化、虚拟化和多租户选项三大特点，包括云业务、托管业务、计算业务和其他业务四个业务种类。

（1）云业务

① 云业务包括私有云、混合云和云存储三类：

② 私有云将基础设施变得灵活高效；

③ 混合云结合了私有云和公共云的灵活性；

④ 云存储能快速连接企业用户所需信息。

（2）托管业务

① 托管业务包括主机托管、管理托管、邮件托管三类：

② 管理托管能创建理想的 IT 框架而无须占用过多资源；

③ 主机托管能得到需要的数据中心资源，降低企业成本；

④ 邮件托管能降低电子邮件的使用成本。

（3）计算业务

① 计算业务包括政府灵活计算与灵活计算：

② 政府灵活计算是一种“按需”的灵活和可扩展的多租户公共云服务；

③ 灵活计算提供了即付即用的云服务，提供与企业数据中心环境相关的性能。

（4）其他业务

① 其他业务包括专业服务、数据存储和安全服务：

② 专业服务能够评估用户的 IT 环境，提供相应建议和支持；

③ 数据存储能将大量的企业数据转化为战略建议，并保证数据的安全；

④ 安全服务能保护网络和 IT 基础设施，防止未经授权的访问。

在发展模式上，沃达丰主要与第三方机构进行合作以获取技术支持，实现与合作伙伴共赢发展。沃达丰与 EMC、VMWare、Cisco 建立了战略伙伴关系，由他们提供私有云计算的技术支持，维护数据安全，降低成本，提高业务的灵活性。沃达丰的云计算与托管服务在全球已拥有 17 个数据中心，并将服务销售给了政府、银行、保险、媒体、零售、金融等多个行业领域的客户。

5.3 西班牙电信的转型之路

5.3.1 西班牙电信的战略转型

2008～2011 年西班牙电信提出要基于信息通信技术，改善人民的生活，促进业务发展，提供创新服务，为其服务的社区发展和进步做出贡献。

2011 年西班牙电信发布的长期愿景"西班牙电信 2020"，明确了要加强与消费者的关系，同时指出要成为在数字化体验的传播与整合方面的领导者，引领数字服务的分发和聚焦，驱动数字生态发展，如图 5-7 所示。

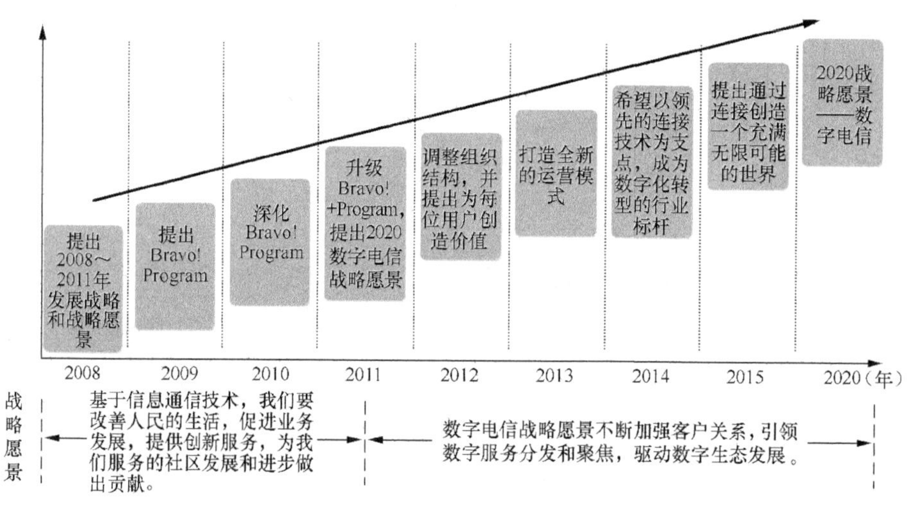

图 5-7 西班牙电信 2020 愿景

2015 年西班牙电信提出要以领先的连接技术为支点，成为数字化转型的行业标杆。为了给客户提供合适的服务并将创新成果变现，西班牙电信提出以连接为出发点的战略，希望以领先的连接技术为支点，成为技术及竞争转型的行业标杆。这个战略将保障连接、差异化服务、可持续发展及全球协同四个方面形成良性循环。

（1）满足用户的核心需求—连接：为客户提供端到端普遍性连接、连接能力和安全性等方面的及时响应。

（2）通过大数据提供差异化服务：持续提升市场细分能力和个性化需求满足能力，建立更强大紧密的用户关系。

（3）可持续发展：为了促进用户、员工、供应商、股东和整个社会的可持续性关系，公司重点关注用户数字生活服务中与隐私、安全、便捷等有关的领域。

（4）全球协同计划：加强投资与规模变现的协同，技术演进和公司发展的协同，流程和系统的协同。

为了进一步推动数字化转型，西班牙电信分别从组织模式和运营模式等方面进行了布局。

（1）组织模式变革

西班牙电信设立了为每个人创造价值的目标来进一步推进数字化转型。同时建立了一个新的组织结构，旨在实现更高效的运作与管理，并通过整合加强以用户为中心的理念。新的组织架构由数字服务、全球资源、拉丁美洲和欧洲四部分组成。

（2）数字服务部

主要负责抓住数字服务发展机遇；加快创新步伐，丰富和强化产品及服务种类；最大限度挖掘西班牙电信在全球的用户规模及价值。

（3）全球资源部

为了保证公司的营利性与可持续发展，充分利用公司的优势并加速转型，成立了全球资源部门。运营效率的提升一直是西班牙电信的目标之一，不同国家和地区将会纳入网络共享协议框架范围。

（4）欧洲地区

欧洲地区用户始终是西班牙电信战略和管理的核心，公司将持续关注欧洲地区的用户满意度。为此，移动宽带将是重点领域，西班牙电信将不断丰富和创新相关产品。

（5）拉丁美洲地区

移动业务将始终是推动该地区收入增长的基础驱动力，西班牙电信将持续扩大网络覆盖和容量，调整分销渠道，提升服务质量。在固网方面，将不断普及更高速的宽带业务，不断使捆绑营销策略落地。同时不断提高运营效率，并持续探索全球、地区及本地业务。

（6）运营模式变革

为了加速向数字化运营商的转型，西班牙电信设立了收入、技术、执行和效率、区域领导力四大战略支柱，将其数字化产品定位为商业活动的核心。

① 收入：通过数字服务和流量业务推动公司收入增长。

② 技术：打造一流的 IP 网络和 IT 系统，不断提升 IT 能力。

③ 执行和效率：最大化利用自身体量及规模，提升运营效率。

④ 区域领导力：强化在数字生态系统中的定位，重点关注信息安全和数据隐私两大方面。

5.3.2 西班牙电信的多元化拓展

1. 视频业务

西班牙电信“Movistar+”不但为用户提供了大量丰富的内容服务，更是从客户角度出发，根据用户的实际需求提供了回放、记录、存储等功能，保证用户不会错过自己喜爱的节目内容。同时分屏播放功能的创新解决了同时观看多场赛事或家庭成员想观看不同节目的分歧问题。

业务场景 1：多终端 + 多内容

基于该场景的视频服务在终端和内容方面具有特色。在终端方面，用户可以在电脑、平板电脑、智能手机、游戏机、智能电视等多个平台播放。在内容方面，用户可以随心选择包括电影、足球、运动、斗牛、儿童、音乐、纪录片等多种节目。

业务场景 2：回放 + 记录 + 存储

回放功能支持用户回放过去 7 天的电视节目。记录功能可以帮助用户收藏自己喜爱的节目，还可以在云端存储高达 350 小时的视频内容。存储功能允许用户下载大量视频，以便在没有网络的时候离线观看。

业务场景 3：多屏 + 全屏模式

基于该场景，用户可以利用分屏功能同时观看多达 6 个节目，再也不会在几个重要比赛间难以取舍。

西班牙电信通过多方合作模式开辟视频业务市场：西班牙电信与硬件提供商、视频内容源和视频服务公司展开了多方面的合作，不但积极拓展视频内容种类，还不断提升视频质量并尝试用 4K 播放部分赛事内容。同时其与合作伙伴一起推出自主品牌电视机、机顶盒，并开发支持其他厂商硬件设备的软件应用，全方位地将其融入市场并吸引用户。

（1）与硬件设备商合作

① 与 Vestel 合作生产自主品牌的的智能电视产品 Screen Fusion，并推出了适用于聚合服务的自制家庭网关单元。

② 与 Arris 合作，选择其成为生产 IPTV 机顶盒的合作伙伴。

③ 西班牙电信已与三星达成合作，扩展“Movistar+”应用程序在三星智能电视上的应用。未来三星智能电视的用户可在没有机顶盒的情况下观看“Movistar”的付费电视频道。

（2）与内容源合作

西班牙电信积极与各内容源开展合作以及时引进最新的内容，包括赛车频道、运动频道、电影频道、特殊赛事等，同时提供狩猎、音乐会等点播频道满足各类人群的需求。用户可以根据自己的需求订购各种专属内容包，每个节目包每月收费 2 ~ 20 欧元不等。

（3）与视频服务公司合作

西班牙电信曾与 Envivio 公司合作，借助其视频转播和处理能力，用 4K 为西甲联赛提供转播。

2. **物联网业务**

（1）物联网在医疗健康领域的应用

为了满足人们在医疗保健方面不断增长的需求与不断增加的医疗开支，西班牙电信通过技术手段帮助医疗行业进行转变，让人们更方便地接触并使用医疗服务，同时提高医疗保健的效率。

西班牙电信的 eHealth 主要集中在以下三个领域。

① 数字医院

这是一套 IT 和通信服务，旨在提高医疗保健提供者的效率。通过为专业人员提供准确的信息、地点和时间提高工作人员的效率，并使用新的数字渠道和用于医疗预约、分诊、健康咨询和紧急情况的多渠道平台，来提高对于患者的需求管理。

② 远程病人监护

远程医疗服务通过适应每个病人的需要和风险水平来优化医疗保健服务。这种方法帮助开发一种更有效和更具成本效益的新型护理模式，并确保患者及其家人，卫生专业人员和组织之间的联系更加紧密。

③ 自我护理和互联网护理

自我护理通过使全体人民更容易地获取医生的指导和健康内容，以实现预防、自我调控和平复心情等作用。Saluspot 是一个在线社区，用户可以与数以千计的医生讨论他们可能产生的任何健康问题或疑虑，并进行在线咨询。

西班牙电信联合产业链各方，整合社会资源，推动移动医疗发展。西班牙电信在发展移动医疗的过程中，与专业医疗公司、应用平台公司、解决方案提供商积极建立合作关系，通过合作共同研发创新，并整合各自资源完善解决方案，共同推动移动医疗的发展。

与医疗专业公司合作

① 2013 年 2 月，西班牙电信通过收购获得巴西最大的慢性病医护管理公司 Axismed 的控股权。这项交易将增强其在巴西新兴移动医疗市场的业务参与度，从而更好地服务私营医疗保健提供商以及企业客户。

② 2015 年 9 月，西班牙电信与 Merck Sharp and Dohme （MSD）合作成立了数字医疗加速器 Velocity Health，用以推进预防性医疗。此领域有潜力节约大笔医疗费用节约但并未得到大量的投资。

与应用平台公司合作

西班牙电信与 Capita 合作推出 eHealth，借助 Capita 的决策支撑应用，eHealth 将能够调用国际医疗力量进行远程诊断，帮助各地的用户获得更丰富的医疗资源。

与解决方案提供商合作

2015 年 9 月，西班牙电信与 Indra（为世界各地的客户提供集成解决方案的信息系统市场领导者）签署了一项全球协议，为全球市场提供数字医院解决方案，特别侧重于拉丁美洲。 这两家公司将共同提供他们的 IT 能力和电子卫生解决方案。

（2）物联网在智能电表中的应用

智能电表通过为用户提供能源数据及管理服务等，帮助用户更便捷高效地管理能源使用，进而提高利用效率从而降低能源消耗。智能电表远不止是一种读取电表的更好的方式，它还能帮助更好地利用能源，是智能电网和创新产品与服务的基础，有助于加速“智能家居”时代的到来。目前其用户有41.5 万户，预计到 2020 年用户将超过 3 000 万户。

场景 1：个人、家庭用户随之掌握能源消耗情况

用户将能收到一个智能电表及家庭内置显示器，智能电表内置的交流中心将智能电表的信息传递给室内的显示器，并将信息传送给电力公司。

智能电表的功能和特点如下。

① 为用户提供能源使用反馈，帮助用户了解自己的能源使用情况。

② 帮助用户检测、管理家中的能源使用，进而减少能源消耗。

③ 使用户更便捷地更换电力公司，促进能源领域的竞争。

④ 用户可以在线获得能源账单和使用数据，并为更便捷的新支付方式提供可能。

场景 2：公共事业公司提高清洁能源稳定性

公共事业公司的 IT 系统可以利用从智能电表收集的信息作为工具管理能源网络，提高风力和太阳能发电等不稳定的可再生能源与能源网络的融合。

场景 3：公共事业公司促进清洁能源使用

公共事业公司可以通过网络将新能源的计费信息传输到电表，鼓励在能获得可再生能源的时候为网络供电，例如在阳光灿烂或有风的日子。

西班牙电信 Smart Meter 业务的发展模式如下。西班牙电信与合作伙伴共同攻克技术难关，并通过权威的测试认证机构确认以完善智能电表及传输能力，从而成功获得了英国政府的大额订单（英国政府要在 2019 年前为每个家庭及小型企业配备智能电表），其在智能电表业务领域迈出了重要的一步。西班牙电信同时与第三方进行方案整合，为智能电表用户不断提供更加完善周到的服务。

• 与合作伙伴共同研发关键技术

西班牙电信德国公司携手爱立信和德国亚琛工业大学优化智能电表连接与功能。

• 借助合作伙伴力量进行测试认证

BRE 是一家咨询、测试、认证和咨询的机构，通过与 BRE 的合作，O2 公司可以使用其提供的各种建筑测试资源，包括古老的战前豪宅到创新园区的低碳智能住宅。由于建筑类型的多样性，O2 公司可以在这些建筑物内部进行大量的技术试验，并用成熟的技术在英国进行智能电表的部署。

• 采用、整合第三方解决方案

与 NetCracker 合作，借助其收入管理解决方案，为智能电表用户提供费率计算、账单及调解服务，并为用户提供使用手机账单支付能源费用的服务。

（3）物联网在智能家居中的应用

2015 年 9 月在西班牙马德里举办的 UBBF 全球宽带论坛上，西班牙电信与华为一起分享了智慧家庭“See Me，Know Me，Be Me”的三阶段发展理念。通过这三个阶段，有计划、有节奏地发展智慧家庭业务，形成商业正循环。

第一阶段“See Me”

通过摄像头和传感器等为客户提供智慧家庭的自动控制。但还不具备太多智能分析功能，属于智慧家庭的初级阶段。

第二阶段“Know Me”

通过对用户行为的大数据进行统计和分析，智慧家庭设备可以自动识别用户的行为，部分读懂用户的肢体语言，并让家庭设备自动响应适时开启和关闭。比如当用户坐在电视机前时电视自动打开、用户躺到床上后则灯光自动关闭等。

第三阶段“Be Me”

智慧家庭将成为用户身体的一部分，家庭设施可以根据用户的习惯实现智能操控，从而达到人与物的和谐一致。

（4）西班牙电信 Digital Home 业务发展模式

西班牙电信通过与物联网公司 Sigfox、保险公司 Securitas Direct 合作，推出了物联网家庭安全解决方案“Movistar Verisure Hogar”。同时积极拓展与第三方的合作，不断加强完善智慧家庭的产品与服务。

（5）与物联网公司 Sigfox 合作

为解决方案提供先进的传输系统，该传输系统不能被屏蔽，从而严格地保证了服务的安全性。

（6）与保险公司 Securitas Direct 合作

和西班牙电信共享经验，共同推进该解决方案的研发与落地。

（7）与华为合作

西班牙电信与华为公司合作，合作范围包括智能安防、智能家居、云存储和智能娱乐等。华为提供的智能 ONT 采用开放的操作系统，方便西班牙电信及其业务提供商开发集成新业务。智能 ONT 可以通过 Wi-Fi、ZigBee、Z-Wave 和蓝牙等无线接口连接各种传感器和家电设备，用户通过智能手机可以方便地下载各种应用，实现家庭 Wi-Fi 网络的智能运维、智能提速、智能家居、智能安防监控、智能家电操控、智能娱乐和智能存储等多种智慧家庭业务。

3. **大数据业务**

西班牙电信针对零售行业推出的“体验式零售”基于多种数字解决方案，在商店内外吸引、了解客户并与客户互动。使客户能够轻松获得个性化的体验式购物，同时让客户变得更忠诚，如图 5-8 所示。

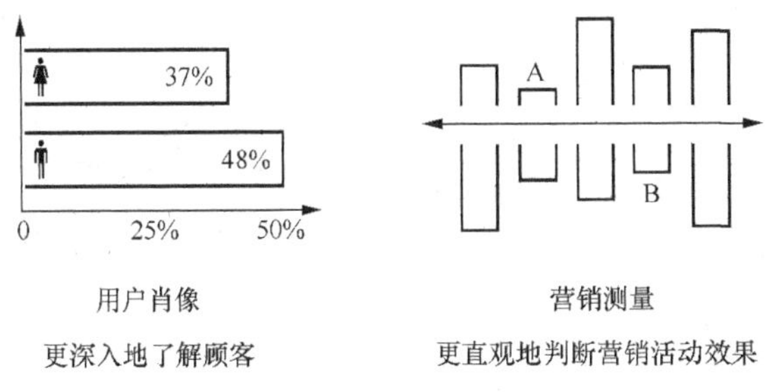

图 5-8　体验式零售服务特点

从用户体验的角度来看，零售大数据包括以下 5 个环节。

（1）消息服务：使用多种方式（SMS，MMS，语音或应用内消息）进行快速、有吸引力并高效的沟通。

（2）O2 Wi-Fi：当消费者访问店铺时，可以为消费者提供免费轻松的上网环境。

（3）移动数据洞察：如“O2 Wi-Fi Insights”和“Smart Steps”等将帮助更深入了解、分析用户，建立与消费者更紧密的联系。如获得并分析消费者在店内的游览轨迹、停留时间等购物行为，帮助优化店内产品的布局。

（4）优先特权：通过英国最大的数字会员计划，提供各种福利以激励客户的员工和消费者。

（5）移动广告和付款：一种移动支付解决方案，使客户能够快速方便地为数字商品付款。

大数据产品应用案例 1

西班牙电信为 Café Rouge 设计提供了便捷的 Wi-Fi 连接，并且使餐厅管理者可以方便地查看 Wi-Fi 状态并进行管理，同时为餐厅提供“优享时刻”服务帮助餐厅将优惠信息发送给顾客。Café Rouge 发现自己正像预期一样地吸引了更多顾客来享用上午茶、下午茶等，并提高了用餐者的停留时间。

大数据产品应用案例 2

西班牙电信为 John Lewis 提供了 O2 Open 计划，企业的合作伙伴们可以获得免费的通话时间，可以自己用也可以分享给亲戚朋友。同时还享有优先购票、优享时刻等其他优惠，包括购买旅行保险享受折扣等。

第六章

日韩运营商标杆

6.1 NTT DoCoMo 的转型之路

6.1.1 NTT DoCoMo 的战略转型

1. NTT DoCoMo 自成立以来的发展历程简要回顾如下

（1）NTT DoCoMo 由 NTT 在 1992 年整合集团移动通信业务而来，主营移动通信服务、发展和维护，以及移动通信设备的销售。

（2）NTT DoCoMo 公司于 1998 年在东京证券交易所上市，2002 年分别在伦敦和纽约证券交易所上市。

（3）网络服务上，1993 年 NTT DoCoMo 公司推出 2G 商用服务，2001 年商用 3G，2010 年商用 4G，2012 年完成 2G 退网。

（4）近两年，NTT DoCoMo 相继提出了“2020 HEART”战略和新中期“+d”战略，标志着 NTT DoCoMo 由单一的移动通信运营商开始进行转型拓展。

2. NTT DoCoMo“2020 HEART”战略标志着 NTT DoCoMo 首次转型

转型立足于通信连接，开拓包括金融、医疗、环保、安全等八大领域业务。

从 2010 ～ 2020 年，其经营理念逐步发展为“我们将会创造全新价值，我们可以满足客户需求，我们将充分挖掘个人能力”。品牌口号发展为“在你手中，无限可能”。由 2015 中期战略——塑造智慧生活（即变革移动服务、通过行业融合创造新价值、持续提升客户满意度），发展到 2020 年的 HEART 愿景，HEART 介绍如下。

（1）H：和谐，为社会和后代做出贡献

（2）E：发展，革新网络和服务

（3）A：领先，以融合服务引领行业发展

（4）R：关联，以连接创造快乐

（5）T：信赖，营造安全而舒适的生活

NTT DoCoMo 和合作伙伴共同努力，通过人和物的连接，为人们营造安全、智能、舒适的生活，创造一个更加丰富多彩的社会，如图 6-1 所示。

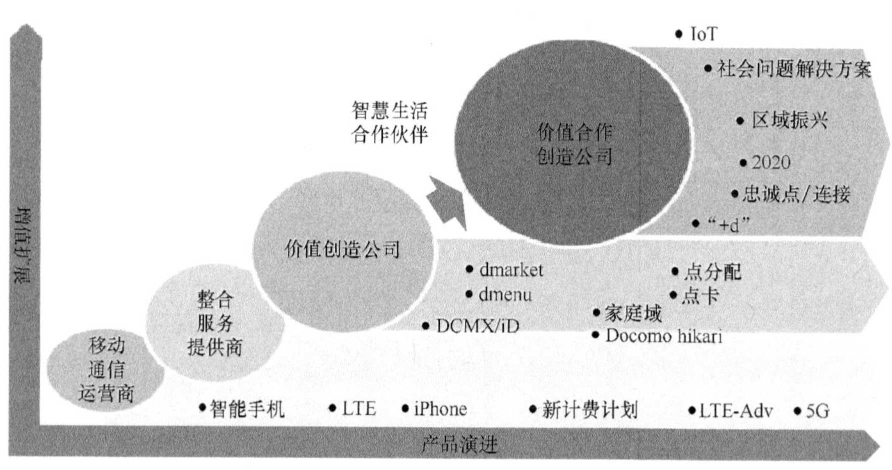

图 6-1　NTT DoCoMo 的战略演进

伴随着产品演进，NTT DoCoMo 的战略由最初的移动通信运营商，经过整合服务提供商、价值创造公司，到 2020 年演进为价值合作创造公司，提供面向个人消费者为主的数字生活服务。

3. 新中期“+d”战略

2015年，NTT DoCoMo在2020年战略的基础上提出了更加细化的新中期战略“+d”，强调要改变基于价格战的短期竞争策略，转为通过合作创新拓宽业务领域，实现增值。以d-point、“+d”为切入点，与合作伙伴共同缔造“the new of today，the norm of tomorrow”（全新的今天，就是寻常的明天）。

新中期“+d”战略主要是放大自身资源的价值，加速生态系统的交易转化。NTT DoCoMo确定新的价值定位，由价值的“‘独立’创造者”扩展为“‘合作’创造者”。NTT DoCoMo在合作当中更多充当一个服务支撑者的角色，为合作伙伴提供会员积分、用户账号、信用支付、客户推荐等平台服务，而合作伙伴则提供专业的“+”服务。NTT DoCoMo在用户与合作伙伴之间起到牵引、润滑的作用，促进业务的平台化、便利化运作。

“+d”是B2B2C模式，核心是通过各行业企业合作，采用新的在线商城和内容服务来执行新的合作伙伴计划，实现相关资源的整合与互补，创造新的价值。以平台定位为核心，向ICT服务领域进军，拓展至医疗、金融、媒体、安全、贸易等多个领域，提供万物互联、数字化社会解决方案。核心策略方面，构建相对分离的运营体系，建立隔离机制，通过合作拓展价值。NTT DoCoMo于2015年7月对业务结构进行重组，具体措施包括成立智能生活业务部门、宽带业务部门、销售和营销部门及企业用户营销部，并将在线商城、内容业务、金融业务等典型的数字化服务纳入新部门等，此次的组织结构调整将有助于实现新中期发展战略目标。

未来新中期战略的主要策略如下。

（1）通信服务方面，通过发布iPhone、新账单计划、光纤宽带服务来恢复竞争力。通过提升新账单计划和光纤宽带服务订阅，迁移更多用户到高流量套餐，更有效地利用资本支出、持续改善成本效率、持续增强网络速率来进一步提升竞争力以实现电信业务复苏。

（2）智慧生活方面，通过加快 dmarket 计划，增加服务内容扩大业务领域，与合作伙伴共同推出“+d”等一系列新举措，由自我创造模式转向与合作伙伴共同创造新价值，按部就班地迈向中期目标。

6.1.2 NTT DoCoMo 的多元化拓展

NTT DoCoMo 的多元化拓展的核心是 NTT DoCoMo 实施的“Smart Life”策略。业务布局涉及医疗、金融、媒体、安全、物联网、dPOINT 等领域。

1. **医疗**

在医疗领域，NTT DoCoMo 和欧姆龙共同出资组建 DoCoMo Healthcare 公司，负责发展运营医疗行业的数字化业务。NTT DoCoMo 通过欧姆龙硬件设备采集用户体温、血压等身体数据，将其上传至健康平台，经过数据分析，为用户精准推送锻炼、饮食、减肥、运动指导、基础体温、睡眠分析、生活方式疾病、处方药等一系列健康服务。此外，基于这些健康大数据，还可提供医疗保险、妊娠保险等一系列保险服务，如图 6-2 所示。

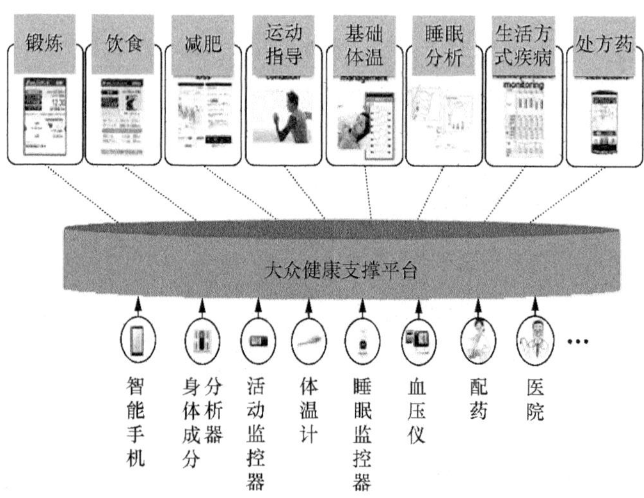

图 6-2 NTT DoCoMo 在医疗领域的业务场景

在合作模式方面，NTT DoCoMo 最大的合作伙伴是欧姆龙，如图 6-3 所示。除了硬件厂商，还包括健康专家、健康内容生产商、健康保险公司、食材宅配公司等，NTT DoCoMo 和 ToMMo 共同研究妊娠疾病的预防和早期监测，NTT DoCoMo 与健身俱乐部运营商 RENAISSANCE INC 合作，为用户提供健康和健身资讯，NTT DoCoMo 与 Radishbo-ya 合作为用户提供有机新鲜食材等。围绕着 NTT DoCoMo 的健康平台，通过提供健康保健产品和服务，获得收入分成，NTT DoCoMo 与合作伙伴构成了以用户数据为中心的大健康生态系统。

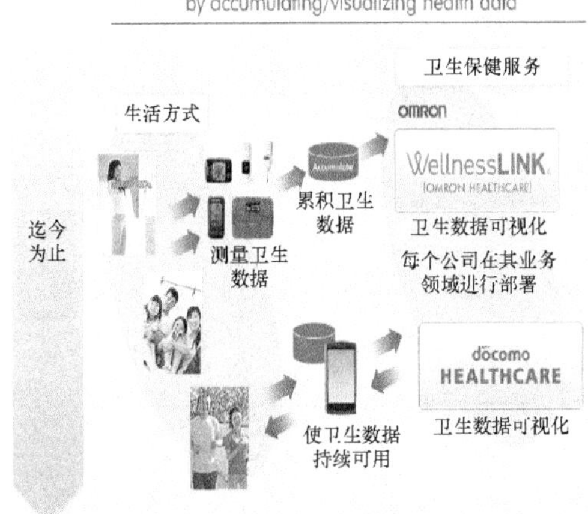

图 6-3　NTT DoCoMo 与欧姆龙的合作模式

2. **金融**

在业务方面，NTT DoCoMo 提供的金融服务主要有三大种类：手机钱包、信用卡服务和保险服务，如图 6-4 所示。

图 6-4　NTT DoCoMo 提供的金融服务

手机钱包服务可以通过往手机账户里充值，当作现金进行消费；也可以通过手机链接银行卡，通过手机刷银行卡。而ID服务则采用NFC技术，可直接通过进场刷手机的方式完成消费，类似于ApplePay的功能。

信用卡服务主要是Dcard，包括普通卡、金卡和可装入手机的mini卡。使用Dcard消费能产生dPOINT积分，可换全日空历程、商品券、ID返现、商品、手机等，并且能够在41个国家进行转账汇款。

医疗保险服务基于NTT DoCoMo的健康大数据平台，提供关于身体健康、妊娠、生育孩子的各种保险服务，以及诸如出国旅行、参加夏令营等活动的一次性保险服务，还有针对自行车丢失损坏、骑车安全事故的自行车险服务。

NTT DoCoMo搭建了一个移动信用卡平台，以吸引金融机构加入，目前加入的金融机构有三井住友银行和瑞穗银行等。

在合作模式方面，NTT DoCoMo通过构建开放的支付体系来加速发展，在整个移动支付产业链中充当着运营商和银行的“双重”角色，降低交易处理成本，并通过注资银行来掌控产业链，如图6-5所示。

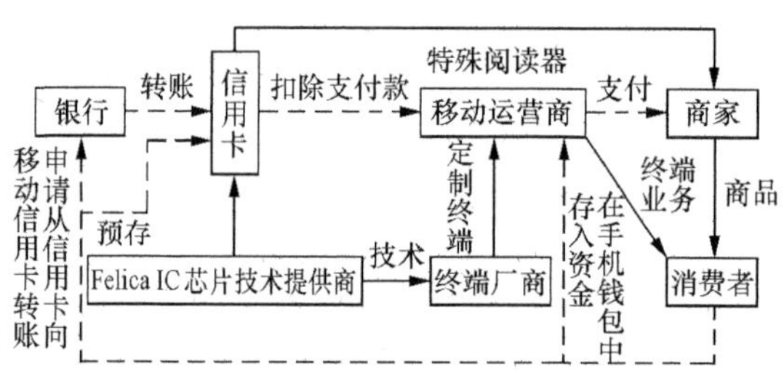

图6-5　NTT DoCoMo的合作模式[34]

NTT DoCoMo从2004年7月正式推出手机钱包，整合了包括Suica在

注34：实线为产品线，虚线为资金流。

内的多家IC支付卡，并先后入股三井住友和瑞穗银行来直接涉足支付业务，联合信贷、移动运营商和线下商家，NTT DoCoMo移动支付业务迅速发展，目前用户数已经达到3 500万户，支持的商铺总数达到95 000户，截至2015年，ID借记卡的开卡量已达2 100万张，而其发行的信用卡DCMX发卡量已达1 600万张。

3. 媒体

NTT DoCoMo在媒体领域开展的业务包括读书学习类、视频剪辑和图片类、游戏类、音乐类、电视广播类和其他类业务，如图6-6所示。NTT DoCoMo对于媒体行业的定义是不仅仅是内容，而是给用户提供在闲暇时间享受生活的一种方式，例如游戏给用户提供了三种形式：通过手机连接PC接入模式，I-appli在线组团模式以及通过蓝牙接入模式。其他业务包括给用户提供了300种兴趣课程的选择，并且鼓励用户写下文章、将视频上传分享。电视广播类业务则提供手机在线观看和点播回放预约服务等。

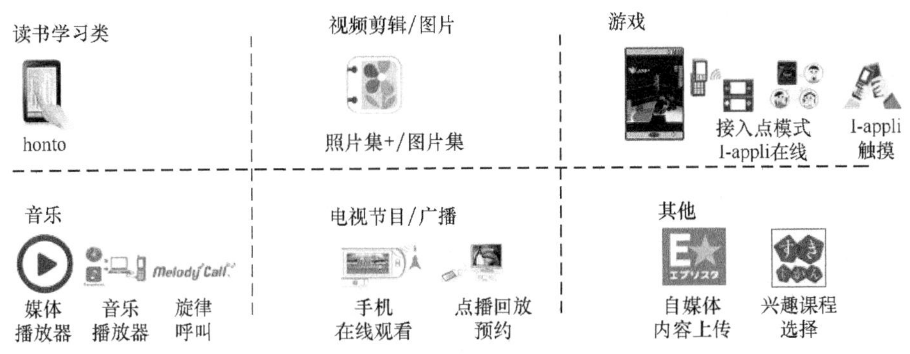

图6-6 NTT DoCoMo在媒体领域的业务场景

在媒体领域NTT DoCoMo与外部合作主要分为以下四大类，如图6-7所示。

一是通过入股增强数字内容实力。例如NTT DoCoMo与Avex Entertainment Inc.成立合资企业、与Dentsu共同组建合资企业、与百度组建合资公司，提供移动增值服务和数字内容等。

二是参与标准制定、研发合作，并且加强标准的应用。例如与 MPEG 和 3GPP 等合作，在压缩多媒体标准上展开研发，与科玎技术有限公司合作，将 aacPlus 音频编译码解决方案应用到 NTT DoCoMo 最新的音乐盒数字广播业务领域等。

三是与其他运营商展开横向合作，增强跨国互联互通和渠道合作，如与新加坡电信跨国合作可视电话服务，与中国移动进行渠道合作等。

四是与软硬件厂商展开技术层面的合作，增强自身技术实力。例如 DoCoMo Euro-Labs 与阿朗共同研究增强型视频共享业务，与 PacketVideo 公司合作加快移动多媒体软件与服务创新等。

图 6-7 NTT DoCoMo 的四类外部合作

4. **安全**

在安全领域，NTT DoCoMo 在手机系统安全、自然灾害应对、家庭及儿童保护、日常出行安全四种业务场景下提供安全服务。

手机系统安全业务提供安心包、Omakase 锁、Keitai-Osagashi 等服务。其中，安心包是由 NTT DoCoMo 提供移动设备保护和交付服务，包括安心的远程支持、网络安全和优惠折扣，费用为每月 380 日元。用户可以使用 Omakase 锁远程锁上电话簿等个人信息。用户使用 Keitai-Osagashi 服务可以确定丢失手机的大体位置。

自然灾害应对业务提供地区邮件灾害信息服务、灾情确认服务、紧急电话位置通知等。用户从日本气象厅收到地震预警等信息，并对灾情进行确认，包括灾害留言板服务、灾害语音信息服务和应急包服务。而当用户拨打急救电话时，它可以自动通知用户所在位置的信息，如图 6-8 所示，方便进行及时救援。

家庭及儿童保护业务提供摄像头监控、imadoco 搜索、Anshin 模式等服务。用户通过平板电脑或智能手机上的摄像头检查家人及宠物的安全状况，也可以使用 i-mode 手机、智能手机或 PC 通过 imadoco 搜索检查孩子在地图中的位置，并允许监护人限制手机功能，达到让孩子安全地使用智能手机，限制其访问成人网站等不良网站的作用。

图 6-8　NTT DoCoMo 在安全领域的业务场景

智能手机普及以后，许多人都成了低头族，忙着刷微博、微信、QQ 等，甚至边走边回复，走路不看前方。NTT DoCoMo 为避免危险事故发生，专门提供防止走路玩手机功能服务，如图 6-9 所示。当检测到用户在行走时使用手机，手机屏幕便会闪出黄色警示，虽然游戏等软件依然在运行，但由于被警告画面遮蔽，所以无法操作，导致用户无法正常使用手机。但如果你行走时把智能手机放入口袋或是放在耳边接电话，警告就不会出现。该程序于 2013 年发布，并对安卓用户免费开放。

图 6-9　日常出行安全业务提供防止走路玩手机的预警程序

在合作模式方面，NTT DoCoMo 采取与政府监管行业、硬件设备商、软件服务商合作的模式，如图 6-10 所示。

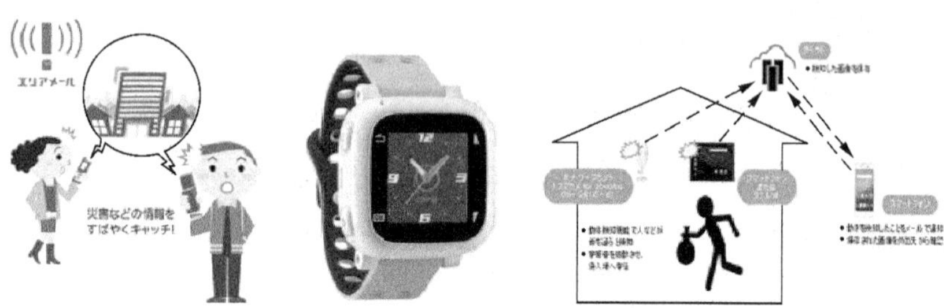

图 6-10　NTT DoCoMo 在安全领域的合作模式

① 与政府监管行业的合作。与气象局、地震局合作发送紧急地震速报、海啸警报、气象等相关特别警报以及灾害避难信息，跟急救电话合作定位呼叫位置。

② 与硬件设备商的合作。与华为合作推出儿童智能手表，父母通过自己的智能手机监测到孩子的身体情况以及周围环境的温度等获取位置信息。

③ 与软件服务商的合作。由软件服务商提供摄像数据流，通过安装在家里的 NTT DoCoMo 专用感应器和网络摄像头，进行日常画面的捕捉与监控。通过手机确认家里的状况或者宠物的状况、了解远方居住的家人近况等。

5. 物联网

NTT DoCoMo 在物联网领域开展的业务主要为 Ha:mo 业务，Ha:mo 是一个人、社区和社会友好型的新型交通网络系统，旨在降低交通压力、二氧化碳排放并帮助节约能源，如图 6-11 所示。Ha:mo Ride 是 Ha:mo 的重要组成部分，通过为用户提供超小型电动汽车租赁来满足人们对公共便利型交通的需求。目前其在日本冲绳、东京、丰桥以及法国格勒诺布尔等城市进行了试用与部署。

（1）Ha:mo Ride 的业务特点如下。

① 随时出行，用户可以在任何时间通过智能手机进行预约。

② 便捷还车，用户可以将租用的电动车还到目的地附近的网点，不需要将车还回租借地。

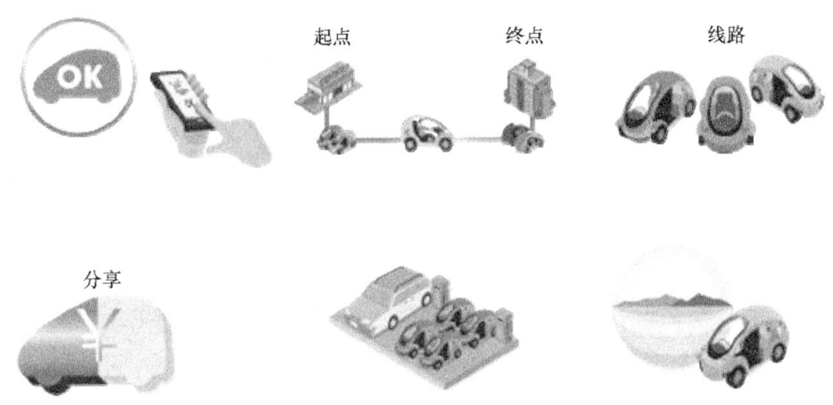

图 6-11　NTT DoCoMo 在物联网领域的业务场景

③ 适合短途旅行，小型的电动汽车非常适合在拥堵狭窄的城市中穿梭前行。

④ 高性价比，只在你需要的时候租用并只为此段旅程支付，不用交付停车费与燃油费。

⑤ 生态友好，占用更少的空间并消耗更少的能源，大大提高了环境友好度。

⑥ 观光的理想选择，每辆车上都安装了最新的导航系统，并可以指引你探索只有超小型车可以通行的场所。

（2）在合作模式方面，NTT DoCoMo 通过为客户提供全球化高质量的物联网平台，帮助本地用户在全球完成物联网解决方案的部署。

物联网平台具备以下功能。

① 全球化的高质量服务。通过符合国际标准的在线管理网页控制世界各

地的装备与资产，为客户节省成本。

② 便捷的状态管理。便捷地显示传输状态、数据传输量及各种使用状态，对连接进行控制，包括激活或临时终止连接。

③ 及时的诊断问题，当产生问题时立即诊断出原因，以保证物联网平台的稳定运行。

④ 自定义的物联网方案。通过控制中心自定义物联网解决方案，制定个性化的管理规则。例如经过一段时间都没有进行数据传输，系统自动通知管理人员进行查看等。

⑤ 全球化的连接。eSIM 解决方案存储了世界其他运营商的信息，用户可以在全球使用统一的 SIM 卡从而节省成本并提高管理效率。

⑥ 强大的技术支持。提供专业的技术支持与咨询团队，帮助用户解决各种问题。例如安装到客户的系统上、解答设计和制造等疑问、响应使用中的询问等。

NTT DoCoMo 通过与汽车制造商本田合作，整合在 SIM 卡、数据传输、物联网平台、汽车制造等多个方面的优势与资源，为每辆 Ha:mo Ride 电动车提供内置 SIM 卡，提供质量高、覆盖广的网络资源以及自身的物联网平台，本田凭借在汽车领域的优势研发制造轻量化电动车，并通过 NTT DoCoMo 的无线网络与本田云中心建立连接，实时获取每辆车的信息并优化用户的预定与使用，共同推进公众汽车租赁的新型出行方式，如图 6-12 所示。

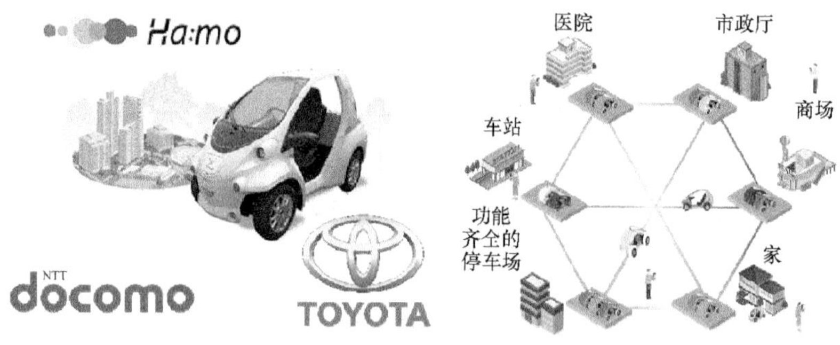

图 6-12　Ha:mo 合作模式

NTT DoCoMo 从 2012 年起宣布与 Jasper 结成战略合作伙伴，共同开拓 M2M 市场，如图 6-13 所示。NTT DoCoMo 借助自己的网络资源并将其与 Jasper 平台进行整合，Jasper 开发的平台是世界性的，其分散于世界各地的用户不断增长，为物联网提供了稳定的基础。NTT DoCoMo 提供海外支持，使本地 SIM 卡、合约、账单与其他服务在不同国家和地区均可使用，从而为客户提供全球化的物联网平台。同时，NTT DoCoMo 加入物联网世界联盟，与其他成员一起共享资源联合推进物联网发展。

图 6-13　NTT DoCoMo 与 Jasper 的合作模式

6. dPOINT

NTT DoCoMo 在 dPOINT 领域开展业务是为了促进“+d”战略的发展而推出的一种信用积分服务，是 NTT DoCoMo 和其合作商家的共同纽带，如图 6-14 所示。通过刷 dCARD、在合作商家购物、在 dMarket 线上购买服务、手机消费等途径多渠道形成 dPOINT 积分，dPOINT 积分又可用于支付手机通信费、更换终端抵用现金、在 dMarket 折抵现金、在合作商家购物折抵现金。dCARD 信用卡服务促进了用户积累 dPOINT 积分，而 dPOINT 积分又刺激了消费者使用 dCARD 在线上和线下合作伙伴的消费，两者相互依存，相互促进，给予消费者正向激励和反馈，dPOINT 的发展极大地促进了 NTT DoCoMo 合作生态系统的发展。

dCARD 分为普通版、金卡版和迷你版。截至 2015 年，dCARD 已达 1 643 万户用户，其中，dCARD 的黄金卡会员数已经突破 100 万户。dPOINT Club 的用户达到 5 800 万户，dPOINT 卡的注册用户达到 366 万户，如图 6-15 所示。

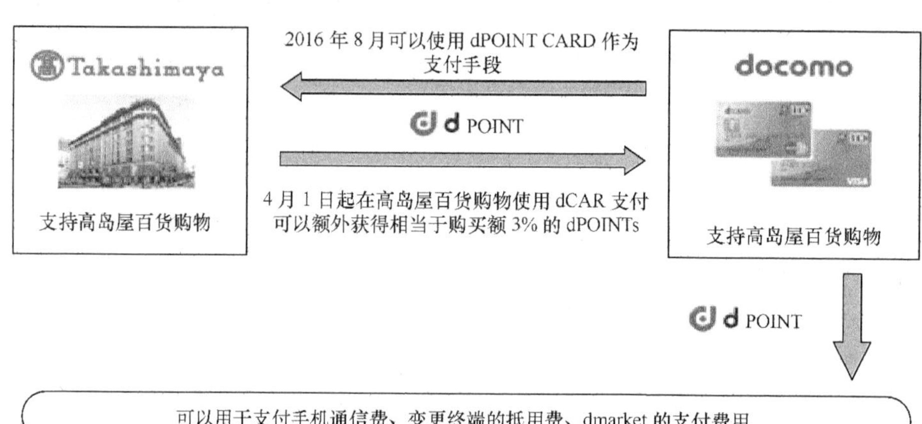

图 6-14　NTT DoCoMo 在 dPOINT 领域的业务场景

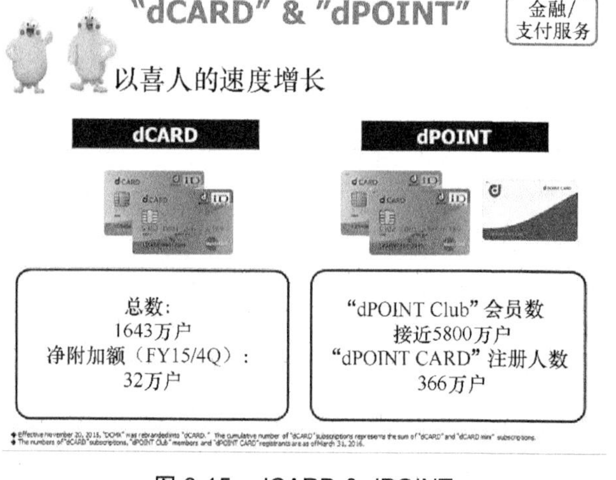

图 6-15　dCARD & dPOINT

在合作模式方面，NTT DoCoMo 的“+d”战略正在稳步实施当中，包括 GE、麦当劳、高岛屋百货、松下等，都与 NTT DoCoMo 展开了战略合作。dPOINT 可以通过更多的渠道产生，通过更多的渠道消费。以高岛屋百货为例，用户使用 dCARD 在高岛屋购物，总支出的 1% 可转化为 dPOINT，此外还可获得 3% 的折扣，不管哪个渠道产生的 dPOINT 均可用于支付手机通信费、终端购买、兑换加盟店的优惠券等。目前合作的加盟店已经有 16 家公司的 11 100 个店铺，到 2016 年秋天，加盟店覆盖 45 家公司的 20 900 个店铺，如图 6-16 所示。

图 6-16 “+d”合作伙伴发展情况

6.2 KDDI 的转型之路

6.2.1 KDDI 的战略转型

（1）战略方向上，实现由“电信公司”转型为“生活设计公司”的角色转变，如图 6-17 所示。

① KDDI之前的角色是电信运营商，秉承“多网络、多用途、多设备”的“3M”战略。

② 从2016年开始，KDDI计划将从电信运营商转型为生活设计公司，利用自己接触用户的线上线下渠道和支付通道，与其他公司开展跨行业合作，从服务于用户的通信信息业务到服务于用户的商业、保险、能源、贷款等生活的方方面面。

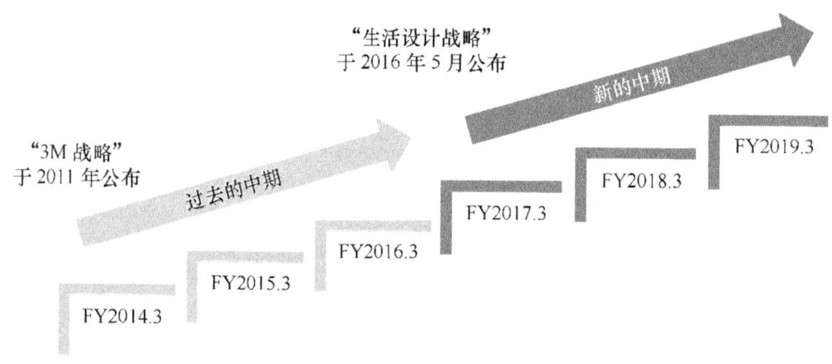

图6-17 KDDI的战略转型历程

（2）经营策略上，保持国内业务持续增长的同时，建立新增长极，成为一家提供用户体验价值的企业，如图6-18所示。

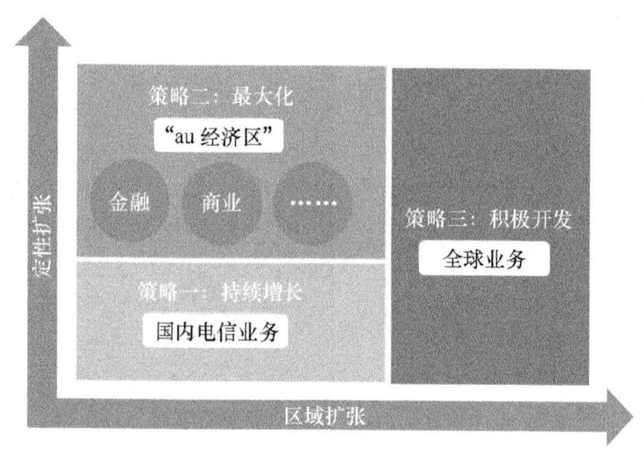

图6-18 KDDI的经营策略

KDDI 在现有国内电信业务发展的基础上，一方面加速向行业外拓展，以扩大行业外业务的融合范围，另一方面积极向国际市场迈进，以拓展海外市场业务。

① 目标 1：实现利润的持续增长

营业收入：KDDI 三年内复合年均增长率不低于 7%。

au 经济区："au 经济区"商品总营业额超 2 万亿日元（约 1 188 亿人民币）。

进行并购，以获得增长：三年实现并购额 5 000 亿日元。

② 目标 2：实现股东回报的不断提升

股息支付比率提升到 35%。

库存股数量限制在已发行股票数量的 35% 以下。

回购股份。

经营策略一：保持国内电信业务持续增长，深化"3M 战略"。在"3M 战略"（如图 6-19 所示）框架下，继续深化公司基础电信市场效果。主要举措有：深入捆绑业务大面积发展、提升智能手机渗透率、巩固物联网业务发展和创造新的用户体验价值。

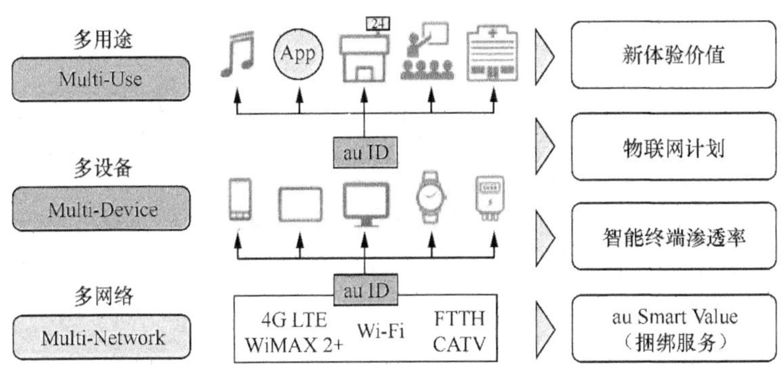

图 6-19　KDDI 的"3M 战略"

经营策略二：最大化“au 经济区”，实现向生活设计公司的角色转变，提供为每个生命阶段量身定制的服务，加强平台提供用户体验价值的能力。KDDI 未来要最大化“au 经济区”，即实现在智能手机、au ID、au WALLET 基础上的“au 生活设计”（au Life Design），包括移动电话、固话、食品、日用品、电、保险、住房抵押贷款等业务，如图 6-20 所示。同时，扩展线上、线下渠道，实现全渠道运营。KDDI 实现最大化“au 经济区”，就要以用户群为基础，增强结算平台和大数据管理平台能力，利用结算平台打通线上线下渠道，利用大数据管理平台解读用户数据信息（客户数据、购买数据、产品数据）。

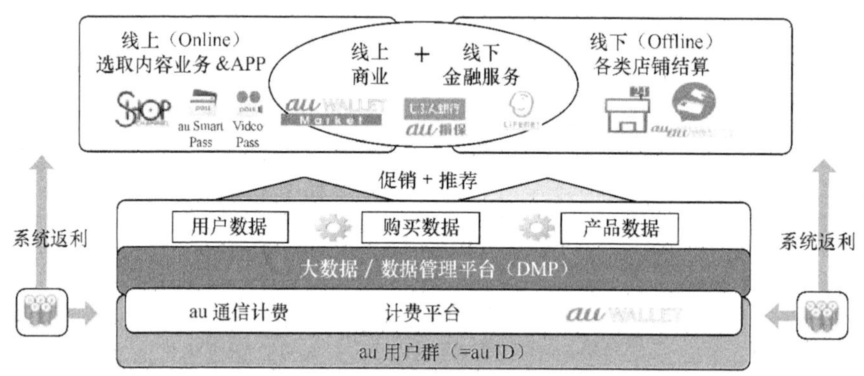

图 6-20　KDDI 的“au 经济区”经营策略

经营策略三：大力发展国际业务，加速提升全球用户规模。国际策略，主要为：凭借自身丰富的经验和专业技能，重点在人口密集国家、电信业务发展较快国家发展业务，重点关注缅甸市场和全球数据中心布局。

① 缅甸市场拓展：成为缅甸领先运营商，成为用户的最佳选择。与 MPT 合作拓展分支网络，提高网络质量并扩大覆盖范围。与 MobiCom 合作推出下一代通信服务 LTE。

② 全球数据中心布局：发展成为高级数据中心运营商。目前已在全球 13 个国家和地区的 24 座城市的 48 处位置建立数据中心，截至 2016 年 3 月，数据中心覆盖面积已达 44.7 万平方米。基于全球数据中心为全球企业用户提供一站式 ICT 解决方案。

6.2.2 KDDI 的多元化拓展

KDDI 转型的核心是 KDDI 实施的“au 生活设计”策略，多元化经营，培育新的增长动力。业务布局涉及商品、电力、寿险、非寿险保险、住房按揭贷款等领域，如图 6-21 所示。

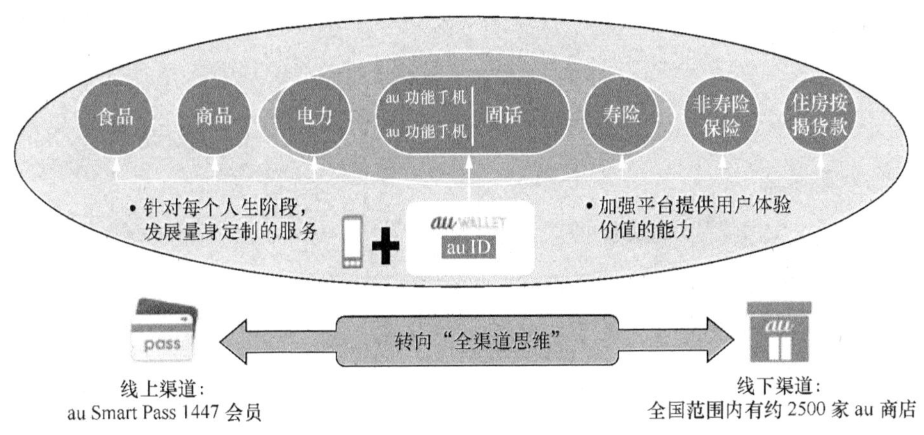

图 6-21　KDDI 的“au 生活设计”业务布局

1. 商品

（1）在商品领域，KDDI 推出了新型购物服务 au WALLET Market，通过 au Shops 营业厅及线上渠道为用户提供食品和日常用品等各类优质商品与服务，如图 6-22 所示。

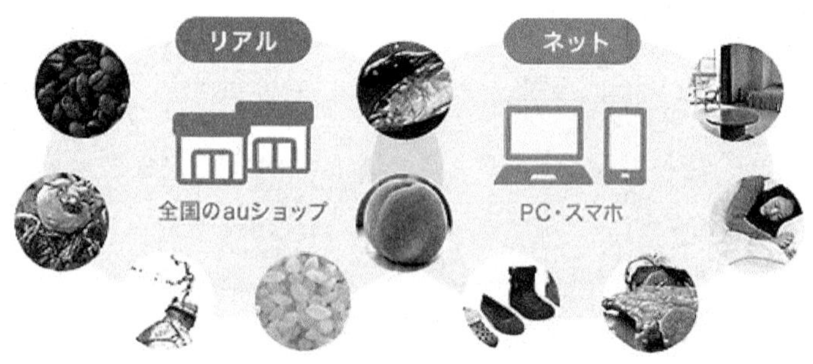

图 6-22　KDDI 的 au WALLET Market

KDDI 充分利用了用户在营业厅等待的时间，将营业厅打造为一个更加温馨而有吸引力的空间，提供饮水机、有机蔬菜、宠物食品等多种日常所需产品，并由工作人员根据用户的特点对商品进行针对性介绍。工作人员会帮助用户完成购买过程，方便没有网购经验的用户安心地使用此服务。在产品配送方面，如果用户购买了米、水等较重的物品，KDDI 会将物品快递至用户家中，避免了搬运产生的烦恼。同时，用户可以使用他们的 au Wallet 电子钱包进行支付，最大化利用 au Wallet 积分并享受额外的优惠。

线上方式用较低的价格为用户提供精选产品与体验服务，进一步为用户的日常生活服务，用户可以最多以 1 折的价格购买到自己心仪的产品与服务，如一顿精致的晚餐、一次沙龙体验或者游轮旅行等。线上平台每天会推出最新的限量产品与服务，丰富用户的选择。同时，用户可以通过智能手机、PC 和平板电脑等多种终端进行便捷的购物，并享受使用 Wallet 信用卡支付获得双倍积分的福利。

（2）在合作模式方面，KDDI 与 LUXA 合作通过其线上平台为用户提供线上购物服务，同时与商品供应商、银行和快递公司等开展了广泛的合作，如图 6-23 所示。au Wallet Market 上的商品由众多供应商提供，包括食品、生活用品、电子产品等种类别，保证商品的质量与食材的新鲜。在支付环节，除了可以用 au Wallet 卡支付，还支持 VISA、万事达信用卡及 Apple Pay

等付款方式。商品配送方面，在 au Wallet Market 上购买的商品全部通过物流快递的方式寄到家中，物流公司通常是日本大的物流公司。

图 6-23　KDDI 在商品服务上的合作模式

2. **电力**

（1）在业务方面，KDDI 的“au Denki”电力供应服务主要面向住宅、企业及商店等提供电力服务，如图 6-24 所示。

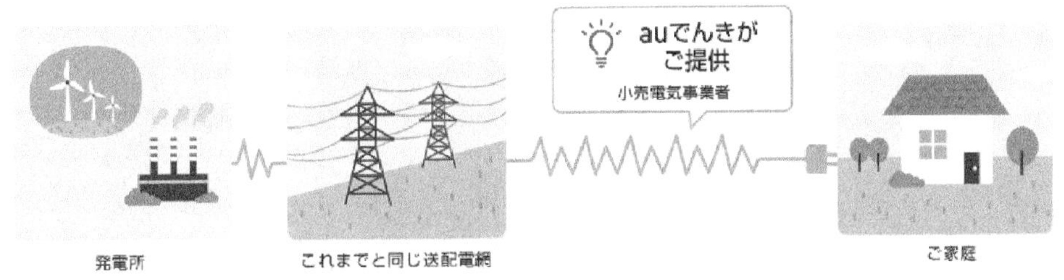

图 6-24　KDDI 的“au Denki”电力供应服务

“au Denki”通过为用户提供电力，进一步推进了其向生活设计公司的转型，其服务主要具有以下特点。

① 稳定的电力供应。为用户提供日本全国范围内的电力供应，并确保其稳定性与传统电力供应相同。

② 电费返还。当用户家庭每月电费少于 5 000 日元时，可享 1% 的电费返还；当用户每月电费介于 5 000 ~ 8 000 日元时，可享受 3% 的电费返还；当用户每月电费高于 8 000 日元时，可享受 5% 的电费返还。

③ 返还资金可灵活应用。返还的电费可以在 au Wallet 中进行购物、餐

饮等。

④ 提供应用程序进行用电管理。为用户免费提供“au Denki APP”，将电力账单及时发送至用户的手机或其他移动终端，并为用户提供节省能源开支的各种贴士。同时，用户可以通过和其他相似家庭的用电量比较，进一步了解自己的能耗使用状况，从而促进电力使用的优化与节约，如图 6-25 所示。

（2）在合作模式方面，KDDI 并未建设自己的电厂等基础设施，而是与能源公司合作，在保证电力供应的稳定性与覆盖范围的同时，节省了大量的资本投入，帮助其快速部署电力业务。

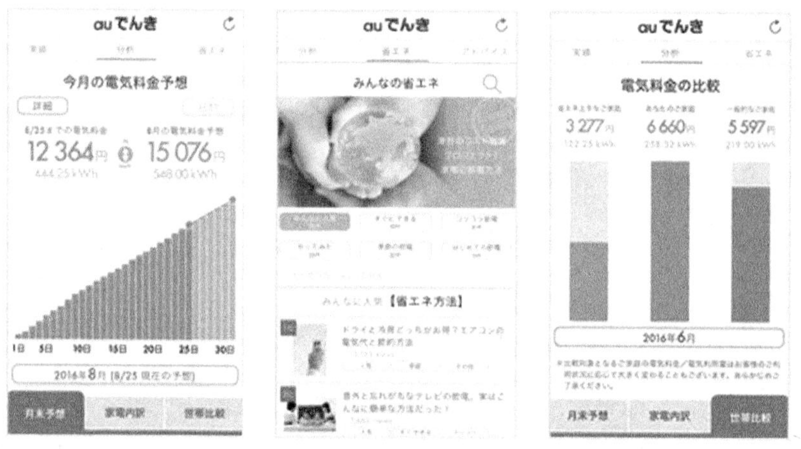

图 6-25　KDDI 的“au Denki APP”用电管理应用

在配套硬件方面，KDDI 的电力服务需要用户家中配置智能电表，如果用户未安装该设备，可以向当地电力公司申请进行免费升级换装。在电力供应方面，KDDI 与 Chugoku Electric Power Company、Kansai Electric Power Co. 等能源公司合作，在各能源公司的供电范围内与 KDDI 共同为用户提供电力服务。

3. **寿险**

KDDI 的 au 寿险业务包括 au 定期保险、au 医疗保险、au 女性医疗保险和 au 生活保险四种，如图 6-26 所示。

au医疗保险

au女性医疗保险

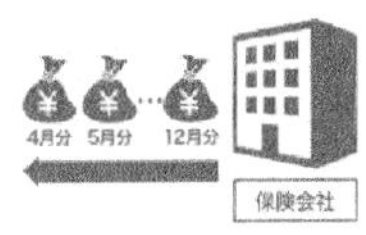

au生活保险

图 6-26 KDDI 寿险业务种类

au 定期保险指当被保险人发生意外时，对家人进行保障的险种。其具有网上申请，保险费便宜，保障内容通俗易懂等特点，同时 au 用户可以享受 60 个月的优惠。

au 医疗保险适用于被保险人生病或受伤需要医疗费的情况。其具有短期住院赔付；对患有癌症、心脏病、脑血管病三大疾病的用户住院赔付金无天数限制；癌症用户住院日补贴高达 100 倍；医疗技术费报销；保险费从投保开始不会涨价等特点。

au 女性医疗保险除了具有 au 医疗保险的特点之外，还针对女性特有疾病进行补充保障，如对患女性疾病的患者追加住院补贴等。

au 生活保险用于赔付因生病或受伤不能工作时产生的生活费，具有以下众多特点。被保险人因生病或受伤长期不能工作，无论在医院还是在家休养都给其支付生活费；被保险人因生病收入减少时，每月给予其工资赔付 10 万 ~ 50 万日元；给处于高度障碍状态的病人提供一次性 10 倍的月赔付金。

在合作模式方面，KDDI 主要与 lifenet 保险公司达成合作。

Lifenet 是一家专业的保险公司，KDDI 推出的所有寿险均由 lifenet 提供，理赔时由 lifenet 进行赔偿，如图 6-27 所示。此外，KDDI 还将在线寿险放到旗下 au 手机店中，通过捆绑交易的方式提高用户留存率，获得协同效应。

图 6-27　KDDI 寿险的合作模式

4. 非寿险保险

KDDI 的 au 非寿险保险业务包括 au 宠物保险、au 自行车保险、au 日常事故保险、au 交通事故保险、au 国内旅行保险、au 海外旅行保险、au 高尔夫保险等日常保险，如图 6-28 所示。

图 6-28　KDDI 非寿险保险的业务种类

au 宠物保险。针对 10 岁以前的家养宠物猫或狗，保险赔付次数无上限，提供 70% 和 50% 报销比例的两种套餐，且开通兽医热线，全年无间断免费咨询。

au 自行车保险。被保险人因自行车事故受伤的保费加倍，对方为责任人时补偿最多 2 亿日元。此外，KDDI 还提供和解代理服务，故障自行车免费运送服务。

au 日常事故保险。赔付不限季节，对方为责任人时补偿最多 1 亿日元，随身携带的物品损坏也补偿，此外 KDDI 还提供和解代理服务。

au 交通事故保险。所有交通事故都会补偿，包括自行车事故。对方为责任人时补偿最多 1 亿日元，此外 KDDI 还提供和解代理服务 。

au 国内旅行保险。该保险用来对个人旅行受伤，或造成他人受伤、物品损坏时进行赔偿，住院补贴从第一天就开始补偿。

au 海外旅行保险。出行当天申请即可，在海外受伤最多赔付 1 500 万日元医疗费，另外提供全年无休的日语医疗求助电话。

au 高尔夫保险。针对打高尔夫球时出现的受伤、用品损坏和对他人的伤害进行赔偿。如果球成功入洞，还承担庆祝的费用。

在合作模式方面，KDDI 和 Aioi Nissay Dowa Insurance 合资成立了 au 保险公司，对非寿险保险业务进行运营，如图 6-29 所示。

图 6-29 KDDI 非寿险保险的合作模式

au 保险公司赞助了一系列活动，包括 iroman 铁人三项比赛、SAITAMA CYCLE EXPO 自行车比赛和 Velo Festival 自行车活动。同时，KDDI 开展了关于自行车保险的 CSR 活动，与大阪、东京、崎玉等城市相关机构促进达成了自行车安全使用协议，捐赠自行车保险部分收益，规范头盔的佩戴，进行交通安全教育。

5. *房屋按揭贷款*

KDDI 面向结婚买房、人口添加、老人养老等用户需求（如图 6-30 所示），推出了房屋抵押贷款业务，其具有超低利率、组合返现、减免费用及网络办理等特点，如图 6-31 所示。

图 6-30　KDDI 房屋按揭贷款业务的需求人群

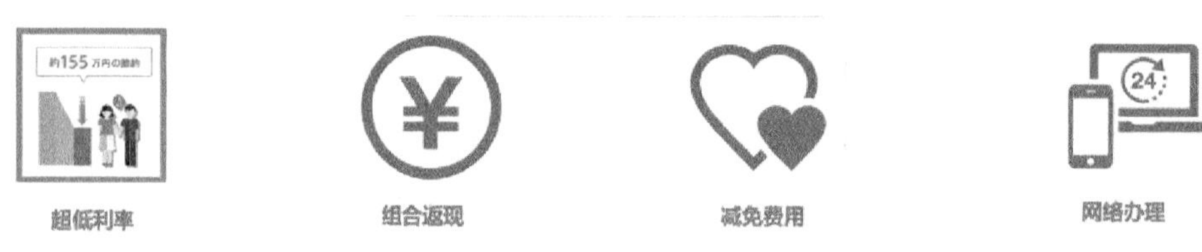

图 6-31　KDDI 房屋按揭贷款业务的特点

超低利率。针对 au 用户，年利率从原先的 0.500% 降低到 0.497%，以借 2 000 万日元，20 年还款来计算，相当于节省了 155 万日元。

组合返现。如果办理 au 通信服务和住房抵押贷款的套餐组合，最多分 5 年，每个月返还到用户的 au Wallet 账户中 500 日元作为奖励。

减免费用。对于癌症团体信用人寿保险，癌症群体减免按揭贷款余额的 50% 费用；部分手续费会返还用户，保证费、印花费等甚至免费。

网络办理。从申请住房贷款到合同签订完毕，整个流程都是在网上进行，无须盖章等烦琐环节，最多 10 天内完成流程，十分便利。

在合作模式方面，KDDI 的贷款服务由“自己银行”提供。

“自己银行”由 KDDI 联合三菱东京 UFJ 银行共同成立，负责房屋抵押贷款（home mortgage）业务。KDDI 和日本冲绳蜂窝电话公司共同提供在房屋抵押贷款业务中的通信 + 房屋抵押组合返现业务，如图 6-32 所示。

图 6-32 KDDI 房屋按揭贷款业务的合作模式

6.3 SK Telecom 的转型之路

6.3.1 SK Telecom 的战略转型

1. SK Telecom 的 2020 战略

SK Telecom 是韩国最大的移动通信运营商，在韩国占据着超过一半的市场份额。近年来，SK Telecom 提出 2020 战略愿景，全面实行战略转型，致力于成为无限可能的合作者，秉承“快乐伙伴”的核心价值观，将打造 ICT 经济作为长期目标。

作为无限可能的合作者，SK Telecom 希望合作创造 100 亿韩元的价值，成为全球前 100 强。因此其在电信和新业务、硬件、平台三方面进行战略聚焦。在电信方面加强通信业务，通过转型实现电信业务增长；在硬件方面拓展业务边界，通过技术创新及聚合创造价值；在平台方面承担起社会责任，创造客户价值实践企业社会责任。

作为快乐伙伴，SK Telecom 希望为客户带来快乐，与社会共发展。在用户方面，SK Telecom 将为用户提供合理的资费、出色的网络质量、多样化的服务和差异化的体验。在社会方面，SK Telecom 将领导和促进 ICT 产业的业务聚合与创新，支持创新经济并创造共生体系，减少 ICT 鸿沟从而创造价值。

坚持 ICT 经济的长期任务，SK Telecom 希望创造、传递、分析价值。SK Telecom 通过将 ICT 与已有产业聚合，在新的产业领域以创造就业的方式创造价值。以大数据和人工智能为基础，定制选择来传递价值。通过促进 ICT 生态体系，利用 ICT 解决社会问题来分享价值。

2. **未来几年的主要战略举措**

在未来几年，SK Telecom 将在网络建设、内容开发与合作、设备的开发与分销、MNO 服务、平台业务、增长型业务六大方面发力，逐渐落实客户运营转型战略。重点在平台业务上不断探索发展，超越移动通信产业，致力于成为下一代平台的提供者，通过创新产品和服务满足用户需求。

网络建设与维护包括 2G/3G/4G LTE、5G、IoT 专用网络、高速互联网，如千兆互联网。

内容开发、投资与合作包括通过用户片段分析进行应用开发、对内容初创公司进行投资和合作、与光缆广播视频媒体合作、为应用开发者提供开发环境，支持其商业化。

设备的开发与分销提供智能手机、可穿戴设备、家用电器及与智能家庭连接的家庭控制设备，同时提供零售、安全、智能农村和智能工厂服务的设备。

MNO 业务包括提供语音和数据服务、固定电话和国际电话、互联网和 IPTV 服务。

SK Telecom 将大力发展以下三大平台业务。

① 生活优化平台，即为不同生活方式和年龄的人提供满足其需求的差异化价值，如 Club T Kids、T Pay 等。

② 媒体平台，即提供定制化内容和下一代媒体视觉体验，如 oksusu，通过多网络频道为下一代视频提供平台服务。

③ IoT 平台，即通过大数据分析和 IoT 增强便捷性和生产力，如 IoT 解决方案服务、IoT 专用网络及平台，扩大汽车、零售、能源、安全、城市基础设施和数据解决方案等领域。

增长性业务包括商业业务、医疗卫生业务、lifewear 等。

SK Telecom 克服移动通信业的限制，重点打造生活优化平台、媒体平台和 IoT 平台，作为下一代平台的重要组成部分。其成为提供创新价值和服务的平台提供商，超越客户预期，保证未来增长动力，实现客户运营转型目标。SK Telecom 通过整合自身资源与各领域跨界合作，为用户提供方方面面的便捷与服务，涵盖应用软件、购物、导航出行、移动支付、视频娱乐、健康保健、车联网、环境安全、云服务等众多内容，并不断壮大平台以满足用户的更多生活需求。

以创造新的价值、递送优化的价值、与社会共享价值为战略布局，将高速的 5G 网络商业化和建设 5G 网络需要的基础设施作为首要任务。

6.3.2 SK Telecom 的多元化拓展

SK Telecom 的多元化拓展按照生活优化平台、媒体平台和 IoT 平台三大平台进行业务划分。

1. 生活优化平台

生活优化平台使得 SK Telecom 业务转型拓展到个人生活领域，致力于开发新的业务模型、连接内容、社区和商务，持续开发迎合客户不同需求的产品和服务。SKT 在生活优化平台方面的转型业务重点案例包括 T Store、11st、OK cashbag、T-map、M-AD&Payment 等。

（1）T Store

T Store 是 SKT 于 2009 年 9 月推出的开放性应用商店，任何人都可以在平台上开发并出售应用，用户可以在平台购买游戏、电子书、音乐等多种应用。2014 年年底，T Store 在韩国手游市场的占有率达到 20%，在韩国中高度手游市场上，该平台占有率为 40%，拥有会员 2 340 万名左右。

其业务场景包括可信的应用排行榜、便捷的支付方式和多种促销活动，如图 6-33 所示。

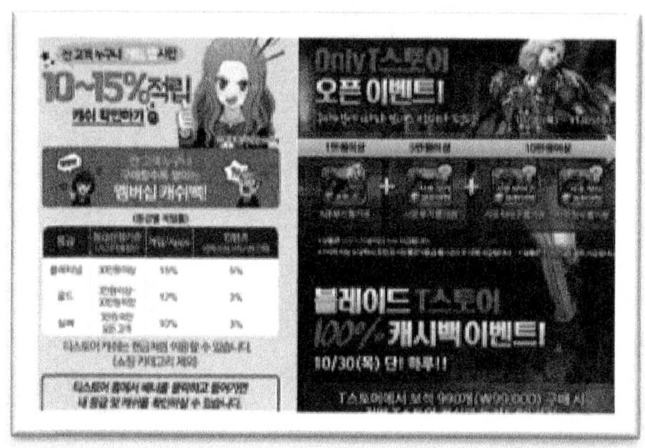

图 6-33　T Store 的业务场景

可信的应用排行榜。T Store 的排行榜由固定的规则控制，大大降低人为操作排名的可能，同时为防止掌握规则的厂商刷榜，平台的排行规则会定期进行调整。

便捷的支付方式。用户可以通过话费支付、信用卡支付、文化商品券支付等 9 种手段进行支付。

多种促销活动。T Store 经常举办各种促销活动以吸引用户，以“Cash Back”活动为例，当玩家在游戏中购买道具等付费时，T Store 会为不同等级的会员提供不同程度的返利。

在合作模式方面，SKT 通过其开放的应用平台，与众多应用开发者合作，积累了大量应用与稳定的用户群体。通过与应用厂商密切的互动，不断优化应用产品，建立了良好的生态系统。

例如，在与游戏厂商密切合作的过程中，“T Store”在游戏的接收前后以及上线后，会给出适当的建议，密切留意游戏状况并收集玩家评论反馈给厂商，利于游戏的进步。同时推出“T-SOTRE Cash Back”“T-SOTRE Only Event” 等促销活动， 鼓励用户在游戏中充值和消费。数据显示有 90% 的用户把返利获得的钱用在手机游戏上。SK Telecom 通过自己强大的基础数据库，帮助游戏厂商明确客户的需求以研发更加优秀的产品。

在面对谷歌应用商店和苹果应用商店的激烈竞争时，SKT 选择了抱团合作。如 SK Telecom 的 T Store 与韩国电信的“Olleh Market”、LG U+ 的“U+Store”两大应用商店合作，推出了统一的应用商店“One Store”。“One Store”将加深与游戏厂商 Naver 的深入协同以及与中小开发者的合作，共同面对“强敌”，为用户提供更加贴合需求的游戏及其他应用。

（2）OK Cashbag

OK Cashbag 是由 SK 能源集团创建的提供商品优惠和积分奖励的公司，为合作商家（线上 + 线下）提供营销服务。其业务范围涉及零售、餐饮、娱乐、加油站、电信、金融保险等多个领域。其会员可以在合作商家收集和兑换积分，享受优惠服务。其合作商家有 5 万多个，会员人数超过 4 000 万人。

OK Cashbag 的业务场景包括商家优惠折扣、会员积分奖励、积分换购商品，如图 6-34 所示。

图 6-34　OK Cashbag 的业务场景

商家优惠折扣。会员出示 OK 卡或关联信用卡时，可在合作商家消费时享受打折服务。例如：会员持 OK 卡在 SK 加油站加油，付款时可享受折扣；会员在 ministop 便利店购物买单时，最高可享受 15% 折扣。

会员积分奖励。会员在合作商家消费后，出示 OK 卡或关联银行卡，可获得积分奖励，有时可直接从购买商品上获得积分奖励。例如：使用与万事达合作的信用卡结账时可获得支付金额 0.7% 的积分，使用 Onse 电信的用户可以返点 10%。

积分换购商品。会员可以将卡内的积分兑换成所需商品，有时所需兑换积分也有优惠折扣。例如：花 100 积分兑换一包零食，250 积分兑换卫生纸。

OK Cashbag 构建了一个包含用户、商家的完整生态系统。商家为 OK Cashbag 提供商业服务，OK Cashbag 帮助商家扩大市场份额。同时用户使用 OK 卡并缴纳一定服务费，OK Cashbag 为用户提供优惠资讯和服务，如图 6-35 所示。

商家除了受益于 OK Cashbag 的品牌效益，联盟商家还可以使用多种营销服务，如广告渠道（在线和离线）、客户关系管理、客户和业务洞察以及交叉销售机会。合作商家涵盖韩国几乎所有大型商店、SK 加油站、银行保险、娱乐、电商等，此外还和日本旅程服务提供商合作，让韩国旅行者在日本累积积分，反之亦然。

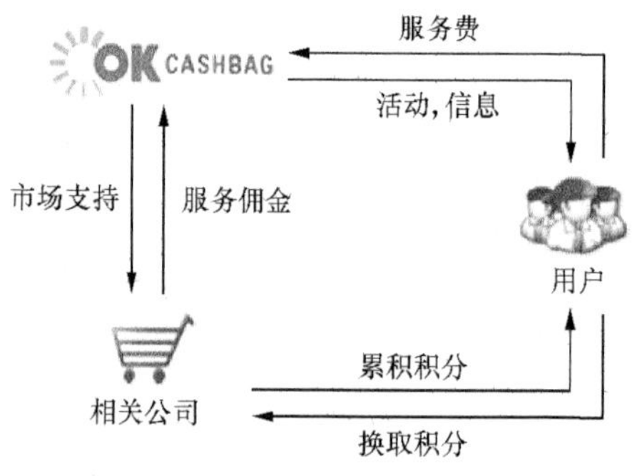

图 6-35　OK Cashbag 的合作模式

OK 卡用户需要缴纳一定的服务费，用于享受 OK 卡带来的便利与各种优惠。OK Cashbag 每天给用户提供优惠资讯、打折信息、积分兑换服务，用户愿意随身携带 OK 卡，因为能随时随地获得积分奖励，并能给自己的生活带来便利与优惠。

（3）Syrup ad

Syrup ad 是一个移动广告平台，通过多元化而高效的广告投放方式和营销平台，在帮助广告投放者优化传播效果的同时，将广告发布商的利益最大化，如图 6-36 所示。

图 6-36 Syrup ad 的业务场景

Syrup ad 拥有多元化的广告投放方式，如高点击率的横幅广告，同时基于 OK Cashbag 的福利式广告，使广告商能够投放到特定媒体、设备和确切时间的定向广告，根据移动用户的兴趣和使用历史进行个性化广告推送。此外，Syrup ad 在 2015 年增加了两个新的营销平台，DMP（数据管理平台）允许用户利用大数据创建和投放自定义广告；“受众群体定位”通过帮助用户向正确的人传递正确的消息来最大限度地优化广告投放效果。

Syrup ad 将广告投放者和广告发布商紧密地联系在一起，通过与超过 4 000 个应用程序和移动网站合作，不断提高广告的投放效率与广告效果，以提供更高效便捷的平台为广告投放者与广告发布商服务，让二者在生态系统中实现双赢并不断发展壮大，如图 6-37 所示。

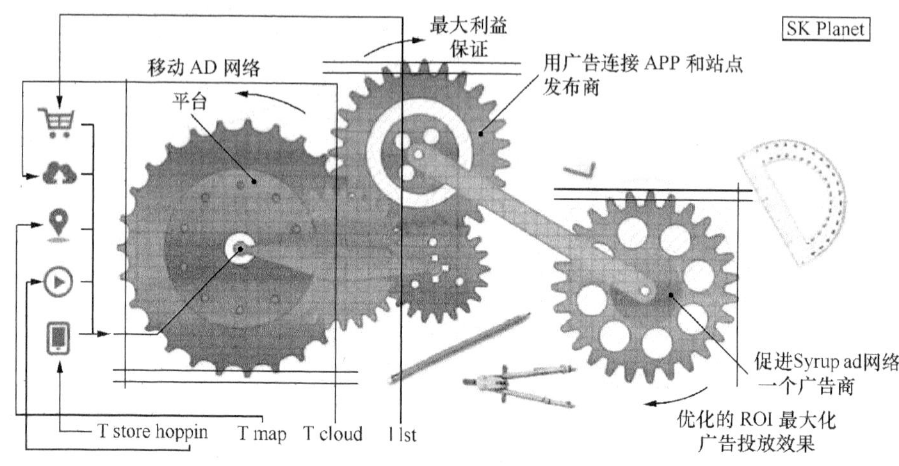

图 6-37　Syrup ad 的合作模式

凭借着 SK Planet 的支持，Syrup 建立了独特的移动网络广告平台让广告投放者和广告发布商实现双赢。Syrup ad 为广告投放者提供优化的 ROI 并最大化广告投放效果，为广告发布商带来最大利益，让组成的生态系统健康地发展下去。

2. **媒体平台**

SK Telecom 转型的业务也延伸至媒体领域，不断强化固定网络和无线媒体服务，最大化客户便利，探索新的多媒体服务，迎合个性的行业发展趋势。

SK Telecom 在媒体平台方面的转型案例包括 SmartBeam(innoio) 和 Hoppin。

SmartBeam 是 SKT 为移动设备设计而推出的超小型无线投影仪，SmartBeam 是世界上最小的投影仪，如同一个魔方，体积为 46 毫米 ×46 毫米 ×46 毫米，重约为 129 克，可轻松装入口袋。此外，其还内置了 2 300 毫安的锂电子聚合物电池，电池运行时间长达 120 分钟，LED 设备的燃烧时间超过 10 000 小时。SmartBeam 是用户能够随身带的投影仪，且能自动感知任何智能机器。当连接 Galaxy、iPhone、Smartphone、Ultrabook、Macbook、PC、iPad、Tablet PC 时，其会自动感知适合的模式。与智能手机连接后投影仪电源开启，电影，游戏，视频都可转换为最大 100 英寸（2.54 米）的画面，用户可随时随地将自己想要的媒体内容在更大的屏幕上播放出来。该产品已在韩国本土及德国、日本、中国等国家进行销售。

SmartBeam 的应用场景如下，如图 6-38 所示。

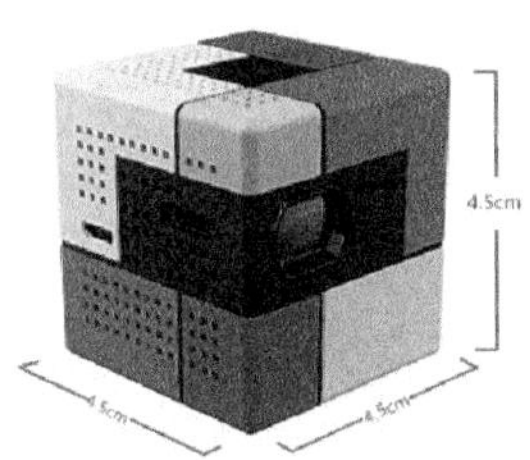

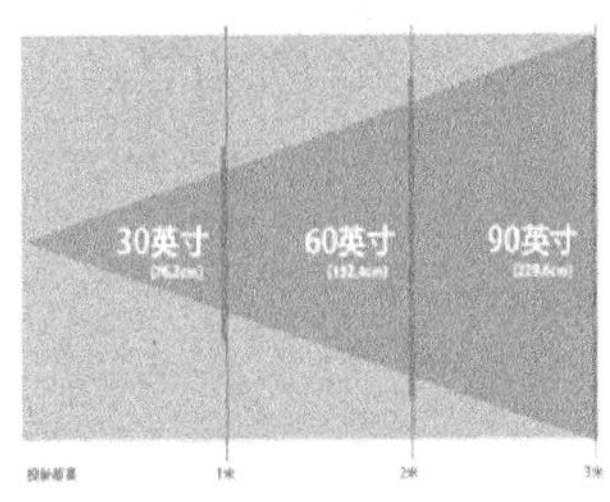

图 6-38　Smart Beam 实现随时随地投影

① 睡前，与孩子们一起躺在床上欣赏投射到屋顶的动态童话书。

② 露营帐篷，在丛林中欣赏的电影。 只要有了“SmartBeam”，帐篷就会变成专用剧场。

③ 在办公室，会议室，咖啡厅等，不管何时都能进行一场记忆深刻的演讲。

④ 同级最高性能，高画质。与其他投影仪相比， SmartBeam 采用更高级的明暗比高清视频，最大 35 ANSI 流明。

在合作模式方面，SK Telecom 与超小型投影制造厂 Innoio 合作（如图 6-39 所示），Innoio 公司拥有多年研发、制造便携式投影仪的经验，能够为 SKT 提供强大的技术及制造支持，根据用户喜好共同设计、研发便携式投影仪。2014 年 SKT 投资收购了 Innoio 公司 21% 的股份。双方的合作在推动便携式投影仪销售的同时，也为媒体娱乐提供了一个更广阔的平台，为流量的消费增长提供了更大的空间。

图 6-39 Smart Beam 投影仪产品、配件和技术支持

3. IoT 平台

IoT 平台使得 SK Telecom 的转型拓展到物联网方面，通过 IoT 平台开发提高用户便利和经济价值的多种业务，同时利用 Mobius 平台控制家庭设备提供智能家居服务，推出基于 IoT 的娱乐产品满足用户的需求。

SKT 在 IoT 平台方面的业务转型重点案例包括 Health-on、Geovision、T-Car、Smart store、Green&safety、Smart Cloud、Smart work 等。

（1）Health-on

SKT 和韩国首尔国立大学医学院联合成立合资公司 Health Connect，提供名为 Health-on 的商业化个人定制卫生保健服务。Health-on 把病前预防、诊断、治疗与管理连接起来，真正地打造一个完全个人化的健康医疗中心，从而最大化医疗效果，最小化医疗成本，如图 6-40 所示。

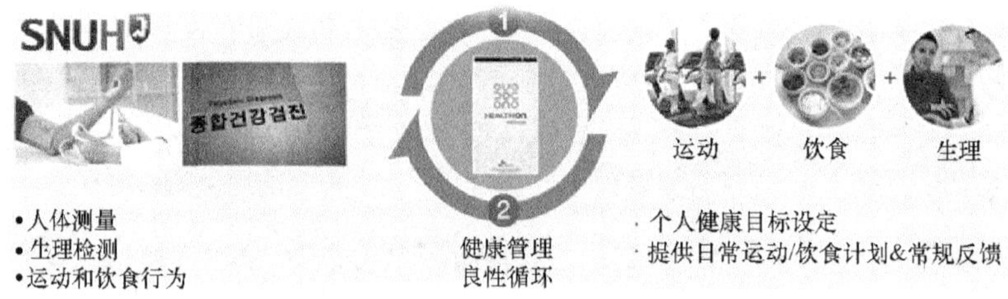

图 6-40 Health-on 业务生态

在业务场景方面，Health-on 提供人体测量和生理检测、个人健康目标设定、运动和饮食行为监测、锻炼和饮食指导等业务，形成健康管理的良性循环。

人体测量 & 生理检测。采集并记录每个人的医疗信息、遗传信息、生物信息（即血压、血糖等）。

运动和饮食行为监测。利用 ICT 技术，通过安装在智能手机上的应用以及佩戴在腰部或手腕的运动跟踪器，可以不间断地记录个人健康信息。

个人健康目标设定。用户可以设定自己的健康目标，让“Health-on”帮助规划完成，如体重管理计划等。

运动、饮食指导。根据每个人的具体情况及监测到的实时信息，通过 APP 指导用户的运动与饮食，并提醒用户参加心理辅导以缓解压力、改善睡眠紊乱等问题。

在合作模式方面，SKT 几年前便与专业医疗机构建立合作，为医疗领域的服务打下基础，如图 6-41 所示。2011 年 4 月，SKT 与首尔国立大学医学院签署了战略合作伙伴协议，共同研究信息通信技术在医疗健康方面的应用，确定具体的合作领域，开发新的联合商业模式。2012 年 1 月，SKT 和首尔国立大学医学院成立合资公司，“共同开发面向未来的医疗技术和服务。”

图 6-41　Health Connect 的合作模式

SK Telecom 充分发挥数据连通及用户优势，为"Health-on"提供安全可靠的数据传输，同时不断拓展用户群。

首尔国立大学医学院凭借医学领域的专业优势，帮助将用户数据转化为有价值的信息，并反馈以指导用户改善健康状况。同时医疗团队和其他卫生保健专家为用户提供专业的咨询和指导。

（2）Geovision

Geovision 是基于地理信息系统（GIS）的商务信息平台，结合了地图与位置信息，对大量的本地用户进行统计与分析，为客户提供创新的管理支持服务，如客户管理、营销分析及策略制定等，帮助客户提高工作效率，并迅速做出准确的商业决策。

Geovision 的业务场景包括 Business GIS 和 X-Ray Map。

Business GIS 数据由多个渠道进行收集并进行切割划分，将用户的个人信息擦去进行保密处理，然后用不同的分析模型对目标数据进行分类整理与分析。数据每月更新，是韩国最大规模的数据库之一。其还能提供强有力的商业解决方案，包括商业分析、店铺分析、目标市场分析、消费者行为分析、销售分析等。

X-Ray Map 是一个在地图上进行实时数据分析的商业解决方案。用户可以根据自己的需要在地图上定制需要分析和显示的内容。

在合作模式方面，SK Telecom 通过与合作伙伴建立紧密联系，将合作伙伴的海量数据信息与地图相链接，并借助庞大的数据库和自身通信优势，使 Smart Insight 提供的服务可以应用在不同领域的不同场景，用于分析潜在客户和潜在市场，从而提高企业竞争力和业务创新。合作伙伴包括 Hyundai Card，National Information & Credit Evaluation，SK Marketing & Company，Korea Productivity Center，KIS Van，Sundo Soft，Real Estate 114 和 ILM Soft。

合作的典型案例有新店选址分析。Geovision 可以在 5 分钟内为用户提供所选地点的市场分析，如客户想在一个位置开一家咖啡馆，Geovision 可以提供该地区人口规模、流动人口及附近人群的收入水平、住房状况及竞争对手等信息，帮助用户做出更好的选址决策。

再如，旅行者分析。Geovision 的流动人口分析数据统计可分析外来旅行者的特点，并针对不同国籍、参观景区等信息进行深入分析，以优化并制定更符合旅行者的产品及服务。

第七章

国内三大运营商实践

7.1 中国移动的转型之路

7.1.1 中国移动的战略转型

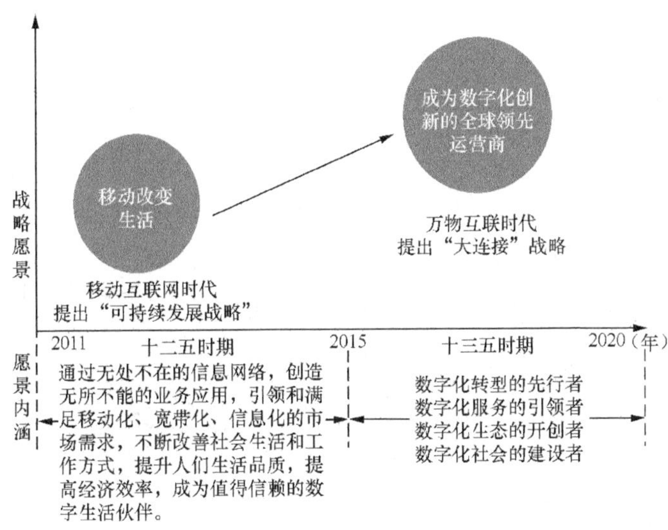

图 7-1　中国移动的战略愿景

2011 年中国移动在十二五战略规划中提出了可持续发展战略（如图 7-1 所示），实现可持续发展，就是要形成持续增长的创新能力和高效的运营能力，创造良好的生态环境，持续为社会各方创造价值，实现全面、协调、可持续的科学发展。

中国移动 2011 ~ 2015 年的战略愿景是“移动改变生活”。移动改变生活，就是要通过无处不在的信息网络，创造无所不能的业务应用，引领和满足移动化、宽带化、信息化的市场需求，不断改善社会生活和工作方式，提升人们的生活品质，提高经济效率，成为值得信赖的数字生活伙伴。

2011 ~ 2015 年中国移动实施可持续发展战略的主要途径是积极推动“五个转变”，即从网络能力、经营定位、业务布局、产品设计、运营管理五个方面，推动发展方式的转变。

① 在网络能力上，从主要保证话音业务，向确保话音质量、匹配流量业务转变，大力推动网络协调发展。

② 在经营定位上，从主要经营移动通信，向确保移动通信服务、加快拓展信息服务转变，大力推动移动互联网、物联网发展。

③ 在业务布局上，从偏重提供基础网络系统，向确保基础网络系统能力、注重增强系统与终端一体化服务能力转变，大力推动终端运营。

④ 在产品设计上，从习惯以企业为中心，向真正以客户为中心、确保客户感知转变，大力提高客户对产品的满意度。

⑤ 在运营管理上，从各自探索、相对分散的经营管理，向集中化、标准化、信息化的集约经营转变，大力推动集中管理和低成本高效运营。

2015 年中国移动在十三五时期战略规划中提出了“大连接”战略，“大连接”战略内涵是要厚植用户优势，提升连接价值，坚持走连接驱动发展的道路，积极实施产业链立体式布局，不断拓展连接广度和深度，着力做大连接规模，做优连接服务，做强连接应用，努力开创数字化产业新格局。做大连接规模，就是要从移动向有线及全连接扩展，连接对象从个人向家庭、企业以及百亿级的万物互联扩展，实现连接规模的横向拓展，奠定泛在连接规模的优势基础。做优连接服务，就是要从管道接入型连接向平台级连接与端到端基础设施服务拓展，实现连接服务的纵向延伸，卡位贯通产业链的战略高地。做强连接应用，就是要从信息消费向面向垂直行业的数字化生活、生产服务拓展，实现连接应用的实质突破，获取数字化服务的持续价值。

十三五规划中明确了中国移动的中长期战略愿景是“成为数字化创新的全球领先运营商”，这意味着中国移动要在全球数字化创新的浪潮中发挥标杆示范和方向引领的作用，这包含了四层含义。一是要勇于自身践行，积极打造扁平、敏捷、高效的数字化运营商，成为全球数字化转型的先行者。二是要坚持创新驱动，为用户提供国际领先、安全可靠的连接服务、平台服务和应用服务，成为数字化服务的引领者。三是要树立合作共赢的理念，与全球产业链伙伴共同构建开放、共享的数字化产业生态体系，成为数字化生态的开创者。四是要推动时代发展，促进人与人、人与物、万物之间的广泛连接，为数字化社会发展贡献新动能，成为数字化社会的建设者。

实施“大连接”战略需要通过开拓大市场、打造大网络、夯实大能力、构建大协同四大战略路径来实现。

（1）开拓大市场

就是以连接为核心大力推进业务结构优化和发展模式创新，促进数字化服务的立体式布局，实现个人、家庭、政企、物联网和国际市场的协调发展。

（2）打造大网络

就是以网络技术创新推进网络 IT 化转型，降低网络运维成本，形成一体化、端到端、绿色高效的信息基础设施和集中、统一的运营体系，巩固网络领先优势。

（3）夯实大能力

就是多措并举弥补体制机制短板，切实增强企业内部能力，打造数字化组织和创新型企业，最大限度地释放公司的创新潜力和组织活力。

（4）构建大协同

就是推进“五化”改革，持续深化“一个中国移动”，提升内部协同效能。以能力开放平台为基础，搭建开放、合作的产业生态，积极向垂直行业拓展，共享产业发展商机，营造内顺外和的运营环境。

7.1.2 中国移动的多元化拓展

中国移动十三五战略规划中涉及多元化拓展的业务模块主要包括：物联网、数字家庭、大数据、云计算等业务。从目前的实际发展效果来看，中国移动的物联网业务领先另外两家运营商，大数据业务发展成效显著，其他业务仍处于探索阶段。

1. 物联网

中国移动在十三五战略规划中明确十大战略工程，智能物连工程就是针对物联网这一战略型业务部署提出来的。中国移动目前已经具备了集终端、平台、应用于一体的整体方案能力，无论物联网连接规模还是收入均远超过另外两家运营商。

（1）推出自有品牌的物联网通信模组

为了加快物联网终端的开发进度，也为了提高同一款芯片在不同物联网终端上的通用性，中国移动将物联网芯片做在一块电路板上，通过业内统一的接口与物联网终端连接，这样，同一颗物联网芯片可以在不同的物联网终端上使用，而同一款物联网终端也可以通过这统一的接口，使用不同的物联网芯片，这一电路板被称为物联网模块。物联网芯片正常工作所必需的外置存储器、射频电路，以及提供给芯片跳动频率的时钟电路都放在上面，这样对于一个物联网终端而言，在设计之初就只需留下与物联网模块的接口，其余只剩下传感或输入装置、执行装置和必要的显示装置了。

中国移动基于优质的 LTE 网络，赋予物联网模组统一的接口协议、更高速的网络保障，推出了一系列物联网通信模组（如图 7-2 所示），目前中国移动物联网模组已经被广泛应用于工业和交通领域。

M8320
工业级 LTE 通信模组

U8300W
工业级 LTE 通信模组

AR7586
车规级 LTE 通信模组

图 7-2　物联网通信模组

中国移动与终端模组、芯片厂商开展广泛合作，通过与合作伙伴之间的优势互补，共同提升物联网价值空间。例如，中国移动与高通的战略合作中，在终端模组方面，由高通为中移动物联网有限公司提供基于QualcommMDM9x07 和 MDM9206 等面向 LTE 物联网芯片平台的技术支撑，双方共同开发面向不同行业应用的物联网模组产品。中国移动借助高通在芯片方的优势能够有效弥补自身在专业技术领域里的不足。

（2）推出自主研发的 OneNET 开放云平台

2014 年 11 月，中国移动正式在全球发布其基于自主研发的物联网平台——OneNET 平台，它是中移物联网有限公司搭建的开放、共赢设备云平台，为各种跨平台物联网应用、行业解决方案，提供简便的云端接入、存储、计算和展现，快速打造物联网产品应用，降低开发成本。

OneNET 云平台的功能架构包括设备域、平台域和应用域三个模块域，如图 7-3 所示。

设备域的功能包括以下几点。

① 支持不同网络接入方式；

② 支持不同硬件平台；

③ 支持不同开发语言；

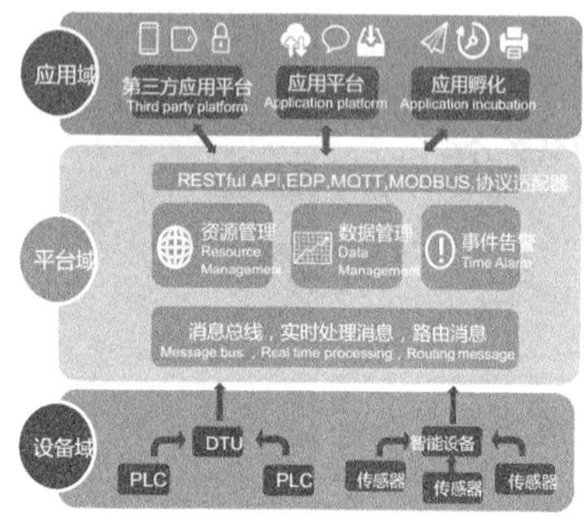

图 7-3　OneNET 云平台的功能架构

④ 支持不同组网模式；

⑤ 支持与相关芯片、模组、DTU 厂商合作，加速嵌入式开发。

平台域的功能包括以下几点。

① 提供硬件负载均衡、域名管理等服务；

② 支持海量、实时数据的处理与展示；

③ 实现多种服务能力的输出；

④ 提供稳定、安全的服务。

应用域的功能包括以下两点。

① 基于 OneNET 着力打造 4 朵行业云，提供标准型行业云平台解决方案；

② 联合软件厂商，快速形成行业解决方案。

OneNET 云平台的发展模式包括提供设备接入服务、标准化行业应用服务、定制化开发服务和私有云服务等四种服务模式。

服务模式一：设备接入服务，即根据设备接入量，按年收取服务费，让客户享受更优服务，如图 7-4 所示。

服务模式二：标准化行业应用，即提供基于 OneNET 平台的四大标准化行业应用，涉及能源、工控、智能硬件、智能电器行业，如图 7-5 所示。

图 7-4　设备接入服务　　　　图 7-5　标准化行业应用

服务模式三：定制化开发，包括两个方面：一是面向重点物联网应用领域及全社会公众推出定制化综合解决方案；二是提供软 / 硬件定制开发服务，如终端、业务平台等，如图 7-6 所示。

图 7-6　定制化开发方式

服务模式四：私有云服务，即中国移动提供基于 OneNET 的私有云服务（如图 7-7 所示），可根据客户需求部署到本地或客户指定的地方。

图 7-7　私有云服务

（3）聚焦重点行业，提供端到端的服务方案

中国移动聚焦交通、物流、金融、能源、安防、智慧城市等六大重点行

业领域，提供端到端的整体解决方案，如图 7-8 所示。下面以车联网产品为例做进一步说明。

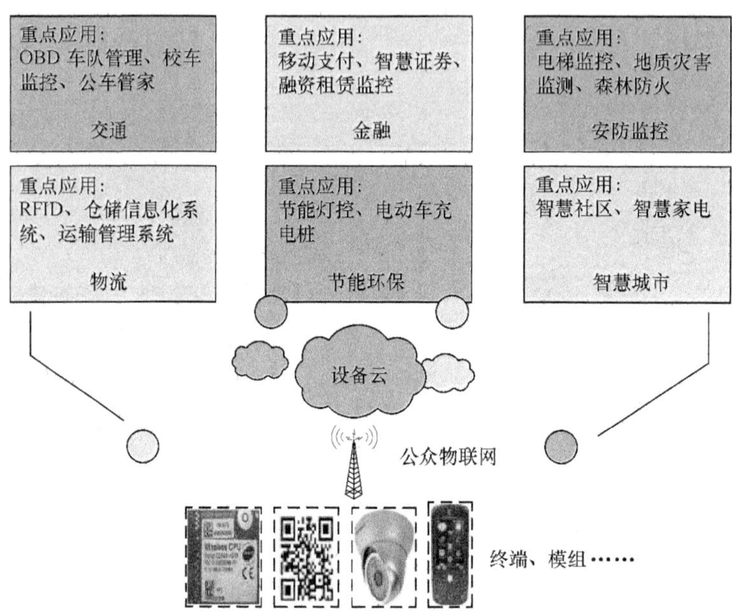

图 7-8　重点行业领域端到端的整体解决方案

中国移动的车联网应用服务包括了从终端、平台、方案等一揽子服务，为客户提供端到端的一体化服务方案。

行车卫士是以电摩托车和汽车为服务载体的 GPS 安防定位产品，可为车主提供精准的定位服务监控和安防告警服务，如图 7-9 所示。

图 7-9　行车卫士示意

尚路是中国移动面向 2 亿车主打造的涉车服务平台。基于多种终端形态以及丰富的汽车服务资源，打造覆盖用户用车全生命周期的生态圈，向用户提供智能车联网服务及一站式的汽车服务，如图 7-10 所示。

故障诊断　油耗分析　驾驶优化　位置跟踪　行车记录　车载 Wi-Fi　在线导航

图 7-10　尚路提供的服务

车务通 Pro 是中国移动针对政企客户开发的智能车辆管理平台，帮助客户掌握车辆日常运营状态，满足安全运营、高效调度、科学监管、降低运营成本等要求，如图 7-11 所示。

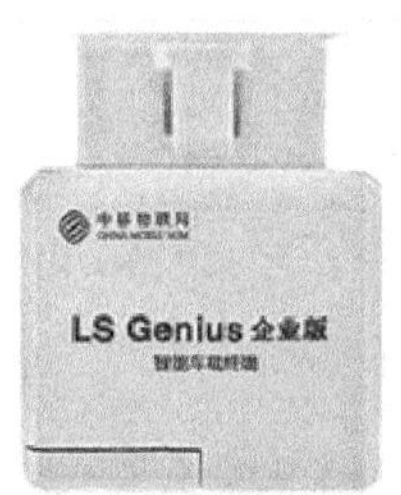

图 7-11　车务通 Pro 智能车辆管理平台

中国移动除了提供上述车联网智能硬件之外，还基于这些硬件采集到的数据向后端的车场、4S 店、保险公司和融资租赁公司提供综合解决方案。通过智能硬件收集到的车主驾驶数据（包括位置、速度、行车轨迹等）、汽车数据（汽车品牌、车型、油耗等）以及环境数据（包括天气、路况、地理环境等），综合判断用户画像，基于用户画像向后端的企业用户提供差异化解决方案，如图 7-12 所示。

中国移动的车联网业务整合了产业链上下游合作伙伴，覆盖了用户驾驶前、驾驶中、驾驶后的全生命周期。

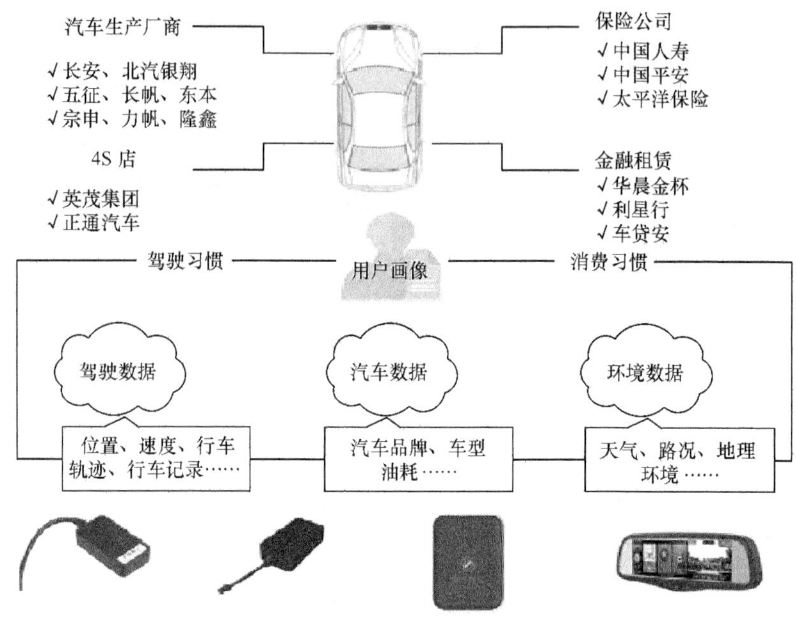

图 7-12　中国移动车联网综合解决方案

① 整合合作伙伴资源，为用户提供驾驶前的行车信息。驾驶前应用的合作伙伴包括和天气、高德地图等。

② 整合合作伙伴资源，为用户提供良好的驾驶体验。驾驶中应用的合作伙伴包括喜马拉雅、爱奇艺、考拉 FM、和听书、酷我音乐、咪咕音乐等。

③ 整合合作伙伴资源，为用户提供优质的驾驶服务。驾驶后服务合作伙伴包括中国人寿、中国平安、太平洋保险等。

2. ***大数据***

中国移动作为国内最大的移动通信运营商，积累了大量高价值的商业数据信息，包括围绕用户行为的生产运营数据、围绕网络使用的网络承载数据和围绕企业运营的企业管理数据等（如图 7-13 所示），价值挖掘的潜力巨大，拥有如此优质的数据基础，是中国移动发展大数据的基础。

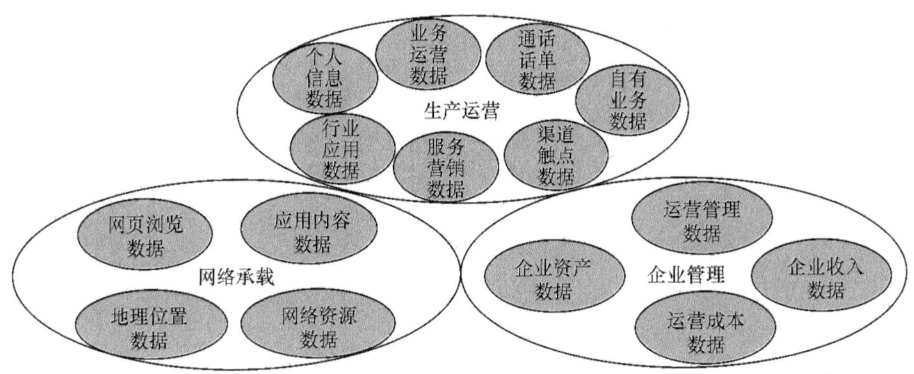

图 7-13 中国移动的商业数据信息

运营商发展大数据需要解决的核心问题是如何实现大数据变现，即需要解决产品的应用对象和相应的商业模式。从中国移动的发展实际来看，运营商的大数据发展分为对内应用、对外商用两种发展模式。

（1）对内应用方面

对内应用主要基于当前的用户、网络、业务和终端信息，如图 7-14 所示，附注公司实现精细运营，主要包括网络管理和优化、市场营销、客户管理等方面。

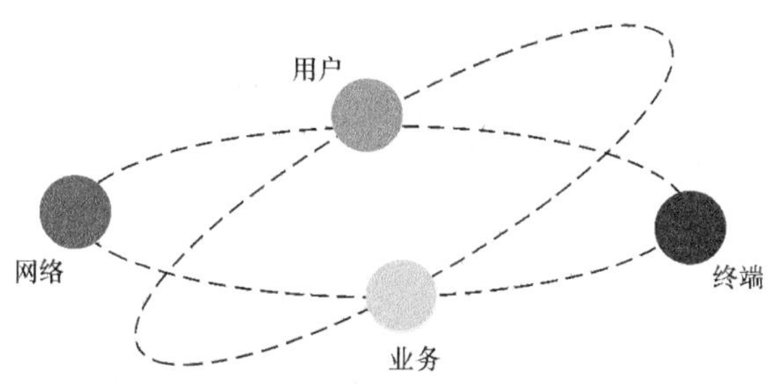

图 7-14 对内应用架构

在网络管理和优化方面，主要包括对基础设施建设的优化和对网络运营管理的优化。① 基础设施建设的优化。通过分析话单和信令中用户的流量在时间周期和位置特征方面的分布，对 2G、3G 的高流量区域设计 4G 基站和 WLAN 热点。② 网络运营管理及优化。通过大数据分析网络的流量、流向变化趋势，及时调整资源配置，同时还可以分析网络日志，进行全网络优化，不断提升网络质量和网络利用率。

在市场与精准营销方面，主要包括客户画像、精准营销、实时营销和个性化推荐等。① 客户画像。基于客户终端信息、位置信息、手机上网行为轨迹等丰富的数据，为每个客户打上人口统计学特征、消费行为、上网行为和兴趣爱好标签，并借助数据挖掘技术进行客户分群，完善客户的 360 度画像，如图 7-15 所示，帮助公司深入了解客户行为偏好和需求特征。② 精准营销和实时营销。在客户画像的基础上，建立客户与业务、资费套餐、终端类型、在用网络的精准匹配，并在推送渠道、推送时机、推送方式上满足客户的需求，实现精准营销。③ 个性化推荐。利用客户画像信息、客户终端信息、客户行为习惯偏好等，公司可以为客户提供定制化的服务。

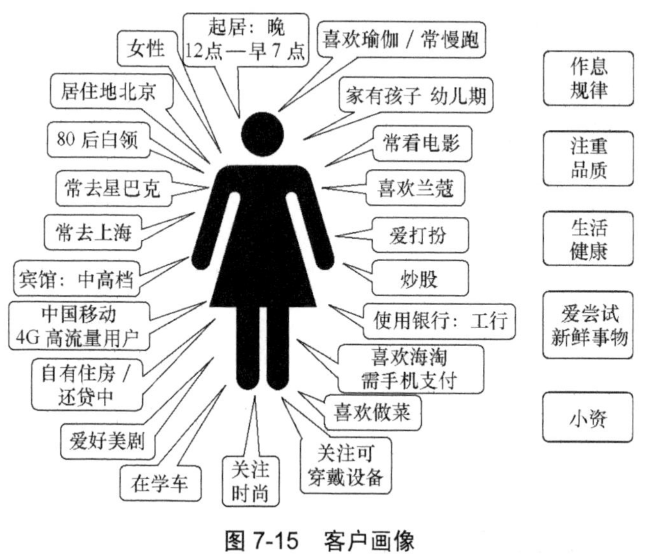

图 7-15　客户画像

客户关系管理方面，主要包括客服中心优化和客户生命周期管理。① 客服中心优化。利用大数据技术可以深入分析客服热线呼入客户的行为特征、选择路径、等候时长，建立客服热线智能路径模型，预测下次客户呼入的需求、投诉风险以及相应的路径和节点。② 客户关怀与客户生命周期管理，如图 7-16 所示。通过大数据分析，挖掘和发现高潜客户、通过关联规则等算法进行交叉销售、通过大数据方法进行客户分群并进行精准推荐、提前发现高流失风险客户以及挖掘高潜回流客户。

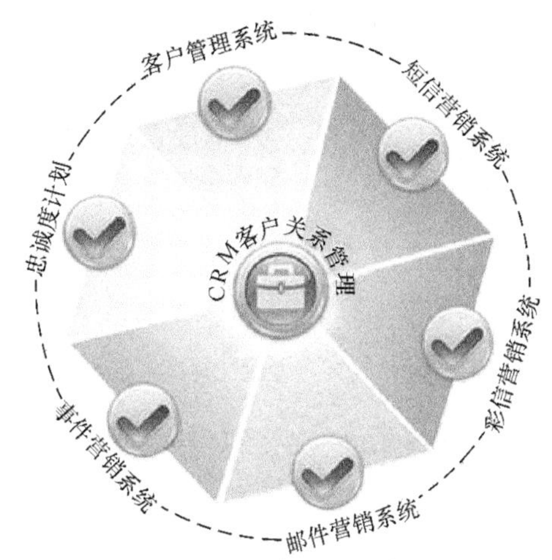

图 7-16　CRM 客户关系管理

（2）对外商用方面

对外商用是指运营商针对不同行业的需求，整合自有的数据资产和外部数据信息，向客户提供差异化数据分析服务。目前中国移动已经实践并取得良好效果的应用领域包括征信服务（如图 7-17 所示）、景区管理、社会管理等。

信用等级	评分
极好	900+
	800－899
	750－799
优秀	700－749
良好	650－699
中等	600－649
较差	500－599
	450－499
	400－449
	350－399

图 7-17　征信服务示例

在征信服务方面，中国移动与招商局联合设立了试金石信用服务有限公司，并制定了一套名为“和信用”的个人信用评分标准，为银行等合作伙伴的信用贷款提供授信决策支撑。从手机用户的身份特征、消费能力、信用等级、行为偏好等维度筛选出数十项指标，搭建信用评价指标模型，对用户进行综合评分，并根据全量用户评分分布，划分出五个信用等级。广东移动也将“和信用”服务应用于自身业务发展中。例如在合约机销售中，运营商通常要求用户预存一定额度的话费，以确保办理优惠后其继续使用。广东移动在佛山试点面向信用评分等级高的用户推出“免预存”购机优惠，受到用户欢迎，促进了业务量提升。

在景区管理方面，中国移动上线“大数据客流分析系统”，助力景区管理。该系统可以覆盖在景区参观的移动游客，并按游客手机基站的归属地提供来源分析、人口密度等信息，反映景点的人流趋势，为景区智能化管理提供大数据参考。

在协助社会应急管理方面，中国移动开发上线“动态人员流量大数据分析平台”（如图 7-18 所示），借助大数据分析应用，为景区旅游管理单位提供游客流量统计、游客客源分析、景区热点排名等数据分析服务，协助旅游管理单位进行精准宣传推广和景点导览规划。

图 7-18　动态人员流量大数据分析平台

7.2 中国联通的转型之路

中国联通是三大运营商开放合作性最好的公司，其由原中国联通和中国网通合并后成立，在 3G 时代凭借 WCDMA 牌照，获得了巨大的产业生态支持。之后，中国联通以“管道服务、合作生态、集中化运营”三个方向为重点，先后提出“移动宽带领先及一体化创新战略”“实施聚焦战略、创新合作发展”的战略思路，显示自身“以管道服务为核心、借力生态进行创新”的转型方向。

7.2.1 中国联通的发展概况

中国联通，全称“中国联合网络通信集团有限公司”正式成立于 2009 年 1 月 6 日，是在原中国网通和原中国联通的基础上合并组建而成。在国内 31 个省（自治区、直辖市）和境外多个国家和地区设有分支机构，是中国唯一一家在纽约、中国香港地区、上海三地同时上市的电信运营企业。截至目前，中国联通国际公司在 8 个国家和地区设立了运营公司，11 个海外代表处，在全球 22 个国家和地区有联络窗口或本地支持人员。主要经营固定通信业务，移动通信业务，国内、国际通信设施服务业务，卫星国际专线业务、数据通信业务、网络接入业务和各类电信增值业务，与通信信息业务相关的系统集成业务等。连续多年入选“世界 500 强企业”，在 2016 年《财富》世界 500 强中排名 207 位，同比上升 20 位。

7.2.2 中国联通的战略转型

在进入移动互联网时代初期，中国联通围绕沃品牌，先后推出了沃商店、沃阅读、沃视频等业务，但由于自身在用户规模、投资能力和经营机制方面，无论相较于同业对手还是互联网企业，都不具有明显优势，未取得良好发展。因而中国联通开始尝试以自身管道服务为核心，与第三方企业合作进行业务创新。

1. 对外强化合作

面向个人客户，中国联通尝试将第三方互联网服务纳入到统一套餐中，以提升用户价值。如最早推出的微信沃卡，即将微信服务功能费与定向流量相结合，为用户提供统一套餐。之后，又与优酷、土豆、360 等合作，以功能费的方式，允许用户同时获取内容服务和免费流量。而与乐视的合作，则将中国联通的生态合作范围进一步扩展到硬件领域。双方采用“乐视手机 + 联通合约 + 乐视会员 + 定向流量”的模式，允许个人用户在一张通信账单的情况下，同时享受通信和乐视会员双重服务。在政企领域，中国联通主要依托网络制式优势，先后与重要的行业企业、信息化服务提供商、终端硬件企业签订战略合作协议，依托产业链合作伙伴的力量，为企业提供各类行业应用、信息化服务。而针对新技术、新应用，如车联网、大数据等新型信息服务，中国联通也主要采取合作方式提供。2015 年，中国联通与飞驰镁物（北京）信息服务有限公司合作，成立车联网公司提供车联网服务。还与西班牙电信合资设立大数据公司。在大数据服务中，中国联通主要负责网络以及位置技术，西班牙电信则提供大数据服务技术。目前，中国联通的合作体系和生态正进一步扩大，并已经延伸到同业对手之中，如与中国电信开始在网络基础设施、宽带和 IPTV 业务标准等方面展开合作。

2. 对内强化一体化创新

为了适应这种面向第三方合作的全网服务，中国联通对内进一步推动“一体化创新”整合，先后将 3G、4G 服务、智慧家庭服务纳入到集团统一平台进行管理，并成立电子商务部（后整合为信息化与电子商务部），统一全集团的用户数据和支撑管理，为大数据发展、统一套餐资费和营销运营建立基础，并已经开始尝试在3G、4G服务、智慧沃家产品等方面开展全国统一运营。又成立面向电信业的垂直电商交易平台——沃易购平台，目的是解决集团内部和外部伙伴合作的供应链效率问题。平台上游面向终端、配件、礼品、金融产品等供应商，下游面向联通代理商、其他网络代理商以及潜在合作伙伴，包括联通公司自身，为三方搭建一个面向全国销售的交易平台。

3. **混合所有制改革探索**

纵观中国联通发展历程，联通一直是股权乃至所有制改革的先锋企业。2014年开始，联通在部分分公司层面，也开始尝试网络末梢资产的混合所有制经营。如在家庭宽带接入网络领域，允许社会资本以合理价格投资末梢网络设备，并通过经营回收相应的资产。2016年，中国联通被国资委选为混合所有制改革试点，并在资本市场引起波澜。2017年中国联通很有可能正式拉开混合所有制改革大幕。

7.3 中国电信的转型之路

7.3.1 中国电信经历了3个阶段的转型

中国电信从固网起步，到目前为止大致经历了三次较为明确的转型过程，如图7-19所示。

第一次转型：由“全业务基础网络提供商”向“综合信息服务提供商”转变。当时只有固网牌照的中国电信面临传统业务增速放缓的压力，提出寻找新的业务增长点，因此提出要做“综合信息服务提供商”。在此阶段，除了强化管道业务外，中国电信开始探索基于管道的增值服务，相继开发并推出了号码百事通、商务领航等新业务。

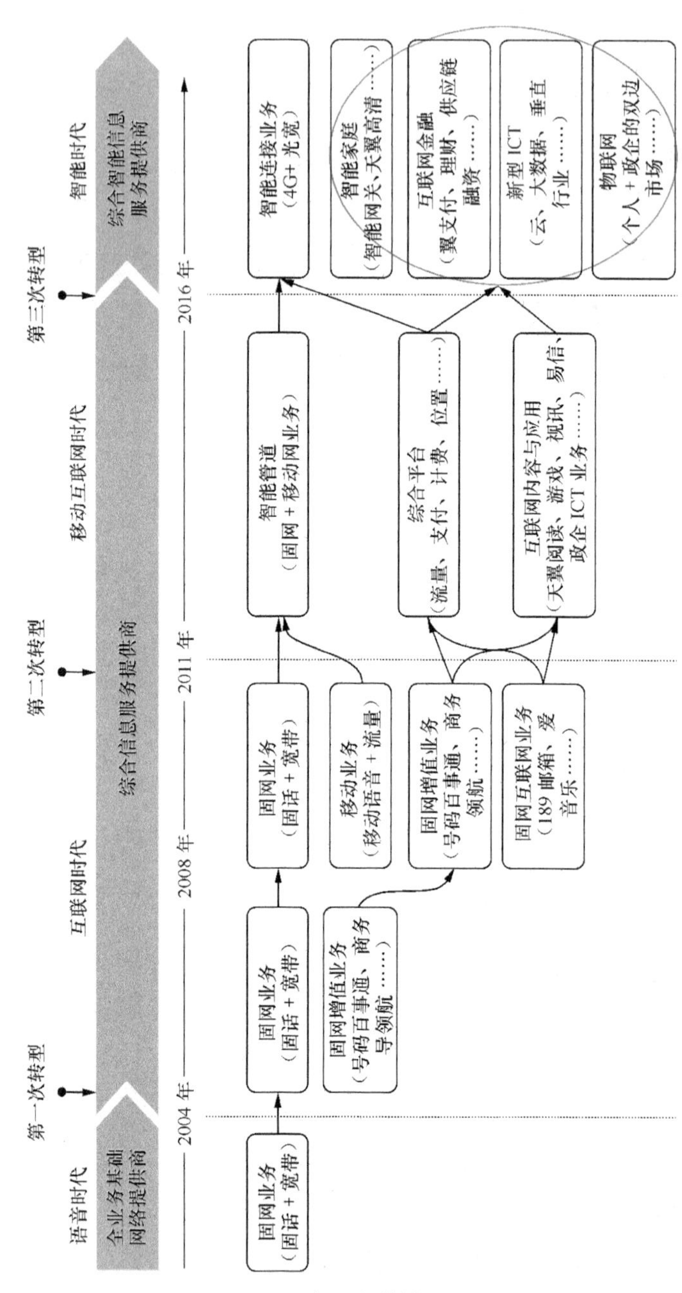

图 7-19　中国电信转型历程

第二次转型：互联网时代，运营商在其中并未分到太多羹。在移动互联网浪潮到来之际，中国电信也刚好获得了梦寐以求的移动网运营牌照。如何既发挥运营商的天然优势，又能在移动互联网的机遇下找到切入点，分一杯羹，2011 年，中国电信提出了“新三者”的战略新定位，即“智能管道主导者、综合平台提供者、内容应用参与者”。在此阶段，中国电信做了很多互联网化的探索，建立了 8 个互联网基地和 16 个信息化应用基地，同时还成立了综合平台运营中心。其在体制机制方面也做了很多探索，在新兴业务领域开展隔离运营、公司化、混合所有制改革等。

第三次转型：智能化服务阶段，中国电信认为运营商应该顺应智能化的发展趋势，做“综合智能信息服务提供商”，随即提出“转型 3.0”战略。首先是“网络智能化”的升级，驱动网络向敏捷、高效、低成本的方向发展。在业务布局方面，借鉴互联网开放思维，提出“业务生态化”概念，围绕智能连接、智慧家庭、互联网金融、新型 ICT、物联网打造“一横四纵”生态圈。在运营管理方面，也同样运用大数据、市场化等技术创新和机制创新，驱动“运营智慧化”。

7.3.2 “转型 3.0”下的网络智能化是基础

在网络智能化升级方面，最核心的是加大开源技术应用，引入 SDN/NFV/ 云等新技术，推动网络与 IT 的融合，打造简洁、集约、敏捷、开放的新型网络。通过网络的智能化升级，用户可以实现其可视、随选、自服务等需求；业务也可以实现快速部署、快速上线、快速迭代。

在网络智能化演进的节奏方面，中国电信规划从增量开始、从政企开始，逐步优化网络结构，适应云计算 IDC 布局和保障高清视频分发。在 IP 网和传送网引入 SDN，在核心网和城域网边缘引入 NFV，云网协同，实现网络弹性可拓展、智能调度和开放。

7.3.3 “转型 3.0”下的业务生态化是核心

在业务布局方面，在突出强调 4G 和光宽带两大基础业务外，面向四个生态（智慧家庭、互联网金融、新型 ICT、物联网）重点拓展翼支付、天翼高清、互联网 +、云计算 / 大数据、天翼物联五大新兴业务。

在生态建设方面，重点围绕支付、视频等业务开展深度合作，通过计费、认证、流量、云、大数据、物联网等能力体系开放，聚合资源，助力五大生态圈的构建。

目前，中国电信的翼支付已经拥有超过 2 亿户的注册用户，2015 年交易金额超过 7000 亿元。中国电信的 IPTV 用户也已经超过 5000 万户。在新型 ICT 业务方面，当前的收入占比约为 10%。

7.3.4 “转型 3.0”下的运营智慧化是保障

在运营智慧化方面的核心是依托大数据应用，集约支撑服务等要素，构建面向用户导向的一体化智慧运营体系。运营智慧化不同于传统意义标准化下的高效率，其更强调自主化、协同、自适应下的高效率和需求满足能力。